ullstein

Das Buch

Neu rausgegeben und mit einem Vorwort von Antje Rávik Strubel versehen, vereint der vorliegende Band sieben fulminante Essays, darunter *Im Reich des Fischerkönigs*, *Newt Gingrich, Superstar* und das titelgebende *Im Land Gottes*. Amerikanische Gesellschaftsgeschichte erzählt von der wichtigsten weiblichen Stimme der USA.

Die Autorin

Joan Didion, geboren 1934 in Sacramento, Kalifornien, arbeitete als Journalistin für verschiedene amerikanische Zeitungen und war Mitherausgeberin der *Vogue*. Sie gilt als eine der wichtigsten Stimmen der amerikanischen Literatur, die mit ihren fünf Romanen und zahlreichen Essaybänden das intellektuelle Leben der USA entscheidend prägte. Joan Didion verstarb im Dezember 2021.

In unserem Hause sind von Joan Didion bereits erschienen:

Blaue Stunden · Das Jahr magischen Denkens ·
Menschen am Fluss · Wir erzählen uns Geschichten,
um zu leben · Sentimentale Reisen · Süden und Westen ·
Woher ich kam · Das Letzte, was er wollte ·
Was ich meine · Slouching Towards Bethlehem ·
Das weiße Album · Play It As It Lays ·
Wie die Vögel unter dem Himmel · Demokratie

Joan Didion

Im Land Gottes

Wie Amerika wurde, was es heute ist

Aus dem Amerikanischen von
Sabine Hedinger und Mary Fran Gilbert

Mit einem Vorwort von
Antje Rávik Strubel

Ullstein

Besuchen Sie uns im Internet:
www.ullstein.de

Wir verpflichten uns zu Nachhaltigkeit
- Papiere aus nachhaltiger Waldwirtschaft und anderen kontrollierten Quellen
- Druckfarben auf pflanzlicher Basis
- ullstein.de/nachhaltigkeit

 Sabine Hedinger übersetzte »Starre Positionen oder der Angelpunkt der Geschichte«, »Im Land Gottes«, »Clintons Gegenspieler oder hohe Einsätze und heiliger Eifer«, »Newt Gingrich, Superstar«; alle anderen Texte sind Gemeinschaftsübersetzungen von Sabine Hedinger und Mary Fran Gilbert.

MIX
Papier
FSC FSC® C083411

Neuausgabe im Ullstein Taschenbuch
1. Auflage August 2024

Umschlaggestaltung: Sabine Wimmer, Berlin
Titelabbildung: Ted Streshinsky Photographic Archive
© Kontributor / Getty Images
Satz: LVD GmbH, Berlin
Gesetzt aus der Bauer Bodoni Std
Druck und Bindearbeiten: CPI books GmbH, Leck
ISBN 978-3-548-06625-7

Inhalt

Vibrierende Klingen
Ein Vorwort von Antje Rávik Strubel 7

Starre Positionen oder der Angelpunkt
der Geschichte 21

Im Land Gottes 49

Clintons Gegenspieler oder hohe Einsätze
und heiliger Eifer 81

Newt Gingrich, Superstar 119

Im Reich des Fischerkönigs 135

Shooters Inc. 161

Golden Girl aus dem Goldenen Westen 167

Vibrierende Klingen

Ein Vorwort von Antje Rávic Strubel

»Ich sage euch nicht, macht die Welt besser. Ich glaube, Fortschritt ist nicht Teil der Abmachung. Ich sage euch nur, lebt in ihr. […] Und wenn ihr mich fragt, warum man sich damit herumschlagen soll, würde ich euch sagen, dass das Grab ein guter und entlegener Ort ist, aber niemand, glaube ich, wird dort umarmt. Sie singen dort auch nicht oder schreiben oder diskutieren oder sehen die Flutwellen des Amazonas aufschlagen oder berühren ihre Kinder. Das alles aber gibt es hier zu tun, und macht es, solange ihr könnt, und viel Glück damit.«

Diese Empfehlungen gab Joan Didion den Absolventinnen und Absolventen der University of California in Los Angeles im Jahre 1975 mit auf den Weg. Sie hatten das Glück, die Schriftstellerin anlässlich ihrer Studienabschlussfeier persönlich reden zu hören.

Ich entdeckte Joan Didion 2001, nach Abschluss meines eigenen Studiums. In einem Berliner Antiquariat fand ich einen Roman mit dem Titel »Demokratie«. Der Schutzumschlag war verloren gegangen, sodass ich keine Anhaltspunkte zum Inhalt hatte oder zur Autorin. Allein der Titel zog mich magisch an. *Demokratie*. So groß. So schlicht. So alles und nichts.

Der Roman begann mit einem Sonnenuntergang über Atollen im Pazifik, auf denen soeben Nukleartests stattgefunden hatten. Er begann mit einer erzählerischen Schärfe, die mich umwarf.

Ich kaufte das Buch.

Als ich es ausgelesen hatte, verstand ich Folgendes: Didion erklärt uns nicht, was wir denken sollen. Sie erklärt nichts, schon gar nicht Gefühle. Didion zeigt sie. Offenbart sie. Seziert sie. Didion wirft Messer. Ihre Sätze zischen durch die Luft. Treffsicher landen sie im Holz, mit vibrierenden Klingen. Am Ende ergibt sich eine Form. Ein menschlicher Umriss. Didion zu lesen kommt dem Gefühl gleich, am Holzbrett einer Messerwerferin zu stehen.

***

Joan Didion wuchs am westlichsten Ende der westlichen Welt auf, in der lichtverwehten Landschaft Kaliforniens. Geboren 1934 in Sacramento, einer alten Goldgräberstadt zwischen Obstplantagen und Sacramento-River, als Nachfahrin der ersten weißen Siedler, die seit den 1850er-Jahren die Sierra Nevada überquerten und die Westküste besiedelten, schrieb sich Joan Didion ab den 1960er-Jahren tief ins kulturelle amerikanische Gedächtnis ein. Als eine der ersten Intellektuellen widmete sie sich dem mit der Counterculture der Westküste entspringenden Wertewandel innerhalb der amerikanischen Gesellschaft, beginnend bei den Blumenkindern von San Francisco, über die »Black Power«-Bewegung, die Studentenunruhen, die Frauenbewegung bis hin zu den Vietnamprotesten. Mit dem Einzug Ronald Reagans ins Weiße Haus beobachtete sie das Aufkommen einer neuen rechten Strömung, sah bereits in den 1980er-Jahren die Polarisierung der Gesellschaft, ihre Manipulation durch Populisten vorher, die mit Trump ihren bisherigen Höhepunkt erreichten. In gesellschaftskritischen und sprachskeptischen Essays sezierte sie mit spitzer Feder und präziser Schärfe Wahlkämpfe der Republikaner und Demokraten, die wachsende Korrumpierbarkeit amerikanischer Politik, immer wieder den amerikanischen Traum, auch am Beispiel Hollywoods, und zweifelte 1991 in einem großen Artikel über den sogenannten Central Park Jogger Case in der *New York Times Book Review* die Rechtmäßigkeit der Verurteilung von fünf latein- und afroamerikanischen Jugendlichen an, was zur Aufdeckung des größten Justizskandals der jüngeren US-Geschichte beitrug und eine breite Rassismusdebatte auslöste.

Sie selbst gehörte zu den Wohlhabenden der kalifornischen Gesellschaft, deren hohe Jaguar-Dichte mit der Zahnlosigkeit der Parkplatzwächter kontrastiert, deren teure Architektenhäuser in den reichen Vierteln L. A.s und Trailer und Wellblechbuden an der Peripherie hart aufeinanderprallen und der rote Teppich des Oscargesättigten Hollywoods vor den Füßen der in Kartoffelsäcke gehüllten Obdachlosen endet. Widersprüche, harte Brüche, Gegensätze zogen sie zeitlebens an. Ihre Hochzeit beispielsweise fand in derselben Kirche statt – in San Juan Bautista –, in der wenig später Kim Novak in *Vertigo* vom Glockenturm fiel. Während in der nahe gelegenen Sierra Nevada Atomwaffen getestet wurden. Immer wieder porträtierte Didion auch die Landschaft, die wüste Leere rings um L. A., mit ihrem wehenden

Licht, den atemberaubend schnellen Wechseln der Vegetation, den drohenden Feuern und Erdbeben, gefährlichen Winden und den Kojoten, die zuweilen die Villenviertel der Stadt unsicher machen, als markierten sie die Grenzen der Zivilisation, als zeugten sie von einer Zeit, in der die Natur jede Spur menschlichen Lebens längst überformt hat.

Das ist Didions »goldenes Land, in dem die Zukunft immer gut aussieht, weil sich niemand an die Vergangenheit erinnert«, wie sie einmal schrieb. Der letzte Ort für jene, die alles zurückgelassen haben, um der Utopie von einem besseren Leben nachzujagen. Was brüchige Biografien hervorbringt. Minderwertigkeitskomplexe und Selbstüberschätzung. Bestechung, Depression und Gewalt. Ein Leben mit zweierlei Maß. Doppelte Böden. Eine formelhafte Sprache. Selbstbetrug.

Didion kennt sich aus mit der *upper class* und ihren Floskeln. Sie kennt die Partys der Snobs in Malibu und Beverly Hills, den Glamour der Filmwelt und den Umgangston von Senatoren und Präsidentschaftsanwärtern, sie kennt die Feinheiten der Mode aus ihrer Zeit bei *Vogue*, denn auch an der Ostküste hat sie lange gelebt, eine Zeit pendelte sie zwischen Malibu und New York. Ihr Insiderwissen, ihr Blick aufs Detail machte sie sich als unkorrumpierbare Kritikerin zunutze; eine Kritik, deren stilistisches Anliegen Präzision und Eleganz ist. Nur darf man sich nicht täuschen. Didion ist keine Autorin, die auf die Barrikaden geht. Der große öffentliche Auftritt, die Polemik, die Rolle der moralischen Aufklärerin sind ihre Sache nicht. Sie ist eine Wirklichkeitssezierererin. Ihr Anti-Illusionismus macht dem Vertrauen darauf, dass die Welt sich bessert, keine

Zugeständnisse. Sie erschüttert das Fundament und lässt uns zurück inmitten eingestürzter Bauten. Sie ist die skeptische Beobachterin, die aufmerksame, empfindliche Zuhörerin und dabei von so kleiner, fragiler Gestalt, dass die Leute ihre Anwesenheit vergessen, wie sie im Vorwort ihres Essaybandes »Slouching Towards Bethlehem« schreibt:

»Mein einziger Vorteil als Journalistin besteht darin, dass ich von so kleiner Statur bin, so unscheinbar und auf so neurotische Weise um Worte verlegen, dass die Leute anfangen zu vergessen, dass meine Anwesenheit ihren Interessen schaden könnte. Und sie schadet immer. Denn eines sollte man niemals vergessen: *Schriftsteller liefern immer jemanden ans Messer.*«

***

Demokratie, der Titel ihres vierten Romans, verrät viel über ihr Schreiben. Er verrät ihr Interesse an den Mustern, die eine Gesellschaft wie die amerikanische den Lebensläufen einprägt. Es verrät ihr Interesse an den Gelenken dieser Gesellschaft, an den Stellen, an denen es knirscht, wo die Verwachsungen und Risse deutlich werden, wo Psychogramme entstehen, die leicht als persönliches Schicksal missinterpretiert und in die eigene Verantwortung abgeschoben werden, als Ergebnis dieses strapaziertesten aller amerikanischen Stoßgebete: Vom Tellerwäscher zum Millionär.

Der Titel verrät auch etwas über Didions Nähe zum *New Journalism*, eine Schreibweise, bei der Fakten mithilfe literarischer Techniken erzählerisch präsentiert werden und der Standpunkt der Autorin offenkundig ist. Ihre Romane sind so geschickt konstruiert, dass die Trennlinie zwischen Fakt und Fiktion verschwimmt. Ihre Erzählerinnen sind distanzierte Berichterstatterinnen, die sich mehr und mehr in ihr Thema verstricken. Die Bücher sind die Ergebnisse dieser (fiktionalen) Recherchen. Galt Truman Capotes Buch *Kaltblütig* noch als erster nicht fiktionaler Roman, dreht Didion das Ganze um: Ihre Bücher sind Reportagen über Romane. Sie erfindet den Stoff, indem sie ihn mit journalistischem Handwerkszeug zerlegt. Denn für Didion ist die Wirklichkeit nichts anderes als Narration. Indem sie erzählt, als handele es sich um eine Recherche, führt sie die Wirklichkeit als Erfindung vor.

Didion begann selbst als Journalistin, sie schrieb Essays zur Hippie- und Frauenbewegung, sie schrieb Buch- und Filmrezensionen, später auch Drehbücher, sie schrieb Porträts von Westküstenikonen wie Georgia O'Keeffe und John Wayne und demontierte Doris Lessing.

Ihre Texte sind beherrscht von dem, was ausgespart wird. Mit zwei, drei Sätzen entwirft sie eindringliche Szenen, im knappsten Dialog gewinnt sie die Essenz der Figur.

Oft stehen Frauen im Mittelpunkt, ihre Suche, ihr existenzielles Ringen um Integrität, um eine aufrechte Haltung in einer zerfasernden Welt, die sich als illusorisch, als selbstbetrügerisch herausstellt. Es sind Selbstbetrügerinnen, die um ihren Betrug wissen.

Einem Buch über die Gattin eines Senators zur Zeit des Vietnamkriegs, deren Vater ein Mörder, deren Geliebter ein Waffenhändler ist, in den Schattenräumen amerikanischer Politik den Titel »Demokratie« zu verleihen verrät vor allem eins: Didions desillusionierten Standpunkt. Einen solchen Roman virtuos auf den Grenzen zwischen Farce, romantischer Liebesgeschichte und Tragödie anzusiedeln, verrät ihre schriftstellerische Größe. Ein Kritiker schrieb über sie: »Didion kann mit einem einzigen Satz eine ganze Gesellschaft zum Einstürzen bringen.«

Didion geht nicht davon aus, dass etwas ist, wie es scheint. Sie fragt danach, *wie* es ist. Wie es wurde, was es ist. Gefühliges spart sie aus. Vielleicht gelingen ihr gerade deshalb so anrührende Szenen. Anschaulich werden die Muster, in denen wir Menschen uns bewegen. Gefühle sind das Resultat solcher Muster, Gewebe aus Konventionen, Verhaltenskodizes, aus Ideologie und Moral. All das lagert sich in der Sprache ab, all das legt Didion frei, und auf diese Weise ist die Sprache ihr wesentlicher Gegenstand.

Sie misstraut ihr.

Über die Sprache entlarvt sie das, was man das Verrückte am Normalen nennen könnte: die vorbehaltlose Hingabe an die schönen Lügen, aus denen unser Alltag gestrickt ist.

»Als Autorin, lange bevor überhaupt etwas von mir veröffentlicht wurde, entwickelte ich ein Gefühl dafür, dass die eigentliche Bedeutung schon im Rhythmus der Worte und Sätze und Abschnitte angelegt ist; eine Technik, um genau das zu verschweigen, was sich, wie ich vermutete, hinter einer immer undurchdringlicheren Fassade befand«, schreibt sie in *Das Jahr magischen Denkens*.

Ihrer Poesie der Reduktion liegt eine entscheidende

Erkenntnis zugrunde: Das wenige, was wir haben, muss sehr bewusst untergebracht werden.

***

Und doch ist Didion immer auch eine politische Autorin gewesen. In ihren gesellschafts- und kulturkritischen Essays der Sechziger- und Siebzigerjahre beschreibt sie eine Gesellschaft, die den Verlust ihres Wertekanons beklagt. Das brachte ihr den Ruf ein, liberal-konservativ zu sein. Oder auch konservativ im wörtlichen Sinne. Sie konserviere, hieß es, was sich im Verschwinden befinde. Wandelbarkeit und Verlust seien ihre Themen. Das Verschwinden eines provinziellen Kaliforniens, die Zersetzung einer bürgerlichen Idee von Kindheit und städtischem Leben, der Verlust von Männlichkeitsidealen. Sie selbst formulierte es in einem Interview in dem *New York Review of Books* einmal so: »Ich halte politisches Schreiben für einen in vielerlei Hinsicht sinnlosen Akt. Man ist verpflichtet, Dinge zu tun, die man für sinnlos hält. Es ist wie Leben.«

Die letztliche Sinnlosigkeit, die Didion hier anspricht, rührt aus der Vergänglichkeit, dem Vergehen, dem Sterben. Als Autorin denkt sie die Dinge oft von ihrem Ende her. Das absehbare Ende verleiht ihnen eine Konsequenz, die geradezu dazu zwingt, sie angstfrei und rücksichtslos von allen Seiten immer wieder neu zu betrachten. Eine doppelte Bewegung in ihren Texten zeugt davon: Die Essays machen den Gedanken der Vergänglichkeit, den sie aufwerfen, gleichzeitig erträglich. Und sie zeigen, wie angesichts einer letztlichen

Sinnlosigkeit gerade die Offenlegung eines unsauberen Denkens zur moralischen Pflicht wird.

Ihr unsentimentaler Blick richtet sich auf die Perversion politischer Ideale, auf ein Denken, das sich in Modellen erschöpft, das an Wahrheit glaubt, wo höchstens Wahrscheinlichkeiten zu haben sind. Sie widersetzt sich dem Impuls, einer falschen Logik zu folgen, nur weil sie uns beruhigt. Ihr widerstreben kollektive Phantasmen, in denen sich Ereignisse verflüchtigen.

Ende der Siebzigerjahre wendete sie sich verstärkt diesem »sinnlosen Akt« zu. Sie begann, explizit über politische Ereignisse zu berichten. Ein Feld, in das zur Zeit des Vietnamkriegs, als sie als Kolumnistin anfing, noch ausschließlich »die Jungs« geschickt wurden. Sie schrieb über die Kontras im Iran, die Todesschwadronen in El Salvador und über Miami, diese vom Kalten Krieg surreal aufgeraute Stadt in der Nähe zu Kuba.

Ihre Blickrichtung hatte sich geändert. Wo sie früher kulturelle Strömungen und Brüche in der Gesellschaft analysiert hatte, diagnostizierte sie jetzt Schwächen und Anfälligkeiten der Politik. Rechter wie linker Politik, wobei die Linke, wie sie einmal sagte, »nie so weit gediehen ist, politische Wirkung zu erzielen«. Ihr Stil wurde knapper, weniger erzählerisch, ihre Schärfe behielt sie bei.

Und wieder ging sie vom Sprachlichen aus. Auch in den Essays im vorliegenden Band gilt ihr Gehör und Gespür den brüchigen Sätzen, den schlecht kaschierten Lügen, den gezielten Wiederholungen, mit deren Hilfe politische Ereignisse zu Erzählungen marginalisiert und so handlich gemacht werden für den Dienst an der Macht.

Der jungen millionenschweren Erbin Patricia Campbell Hearst, die 1974 von der Terroristengruppe SLA entführt und missbraucht wurde und die dann die Seite wechselte und anfing, selber Bomben zu basteln, wurde ein eigenes Sprechen nicht zugestanden, wie Didion bemerkte. Es hätte den handlichen Rahmen gesprengt. Didions Analyse von Hearsts Bericht zeigt ein komplexes Gewebe mentaler, kultureller und ökonomischer Mechanismen, das fürs politische Tagesgespräch unbrauchbar war.

In ihrem Essay *Im Reich des Fischerkönigs* lässt sie uns durch die Brille Peggy Noonans, einer Redenschreiberin Ronald Reagans, einen Blick auf das Präsidentenehepaar im Weißen Haus werfen. Der Vergleich der häuslichen Rituale mit den Verhaltensritualen in der bindungslosen und illusorischen Welt eines Filmsets verdeutlicht, wie stark sich die amerikanische Politik schon damals ihrer sozialen Verantwortung entzog.

Ein Symbol der Wendung zum Autoritären in den USA erkennt sie in Newt Gingrich, dem Chefideologen der »konservativen Revolution« und Wegbereiter populistischer Gepflogenheiten. Er stehe für ein Bedürfnis des gesamten Landes nach sozialer Kontrolle; nichts Neues für Didion, die diesen Trend bereits in den Sechzigern gewittert hatte. Jetzt, sagte sie in einem Interview Mitte der Neunzigerjahre, sei das Konsens geworden.

Dieser Konsens, aufgeblasen von einer wiederbelebten, orthodox-konservativen Moral, scheint auch eine Affäre wie die um Monica Lewinsky überhaupt erst möglich gemacht zu haben. Noch so ein Fall, in dem ein Ereignis, sobald es in die Mühle konventioneller

Zurichtung gerät, den Kopf, genauer, die Präsidentschaft, kostet. Clinton ging bereits vor seiner Kandidatur gelegentlich fremd. Das war, wie Didion zeigt, öffentlich bekannt und wurde geduldet. Erst eine von religiösem Fanatismus durchsetzte Moralkampagne machte ihm das zum politischen Handicap.

Die in diesem Buch versammelten Essays gehen vom 11. September aus rückwärts hinein in die jüngere amerikanische Geschichte und ergeben das Bild einer Gesellschaft, die sich, aus dem Vietnamkrieg kommend, zunehmend verengt und polarisiert. Außer einem »Kater« sei dem Vietnamkrieg nur Ratlosigkeit gefolgt, wie Didion einmal bemerkte. Hier zeichnet sich die Krise eines Landes ab, dem seine »gottgegebene Bestimmung« abhandenkam. Die Richtung ist unklar, die Idee, die diesem Land einmal zugrunde lag, untauglich geworden. Die einzigen Bewegungen, die auszumachen sind, richten sich nach innen: Die entstandene öffentliche Desillusionierung führt zur Verhärtung und Dogmatisierung einstiger Ideale.

Didion geht auch in diesen Essays vom Konkreten aus. Und von sich selbst. Ihre Biografie, ihr subjektives Erleben, ihr körperliches Befinden wird zum Seismografen gesellschaftlicher Beben. Aus dem Persönlichsten, dem Beiläufigsten, aus den scheinbaren Nebensächlichkeiten, die sie täglich hört und sieht, schlussfolgert sie das Allgemeine. Das Weltgeschehen. Und wer die Welt so dicht an sich selbst betrachtet, kann die eigenen Schwächen nicht ausklammern; was Didion in Ironie überführt. In Selbstironie. Auch ihre politischen Texte sind oft ironisch gebrochen. Mit Ironie, sagte sie in einem Interview im *Guardian*, lasse sich ganz unaggressiv »Enttäuschung und Missbilligung ausdrücken«. Ironie sei »einer dieser Kunstgriffe, Dinge deutlicher zu sagen, indem man sie verbirgt«.

Nach dem 11. September 2001 war Ironie in den USA verpönt. Didion hielt dagegen. In *Starre Positionen* erinnert sie an ihren historischen Wert. Ironie könne nützlich sein als Reaktion auf Terror, der sich nicht zuletzt ableite aus dem geplanten Zusammenbruch jeder ihrer Ausdrucksweisen. Eine Erkenntnis, an die heute einmal mehr dringend erinnert werden muss.

***

Didion zu lesen bedeutet, mir einer Sache nicht mehr so sicher zu sein.

Es bedeutet, mir nicht mehr sicher zu sein, um welche Sache es sich tatsächlich handelt.

Weil sie sich auflöst in Standpunkte. Meinungen. Theorien.

In Gerücht und Gerede. In *fake news* und Manipulationen.

Es bedeutet, sich daran zu erinnern, dass es diese Sache vielleicht gar nicht gibt. Oder woanders etwas anderes bedeutet.

Übrig bleiben vibrierende Klingen im Holz. Keinen Millimeter entfernt von der Haut. Die mich wachsam machen.

Ein Satz, der eine ganze Gesellschaft zum Einstürzen bringt.

Höchste Zeit, weiterzulesen.

Joan Didion
Im Land Gottes

Starre Positionen oder der Angelpunkt der Geschichte

1

Acht Tage nach dem 11. September 2001 verließ ich New York zu einer zweiwöchigen Lesereise, die unter anderen Umständen eine Reise mit ziemlich vorhersehbaren Abläufen gewesen wäre. Man fliegt in diese oder jene Stadt, bestreitet eine halbe Stunde in der Lokalredaktion des National Public Radio, ein paar Minuten einer Sendung für Autofahrer im Berufsverkehr, nimmt an einer Veranstaltung teil – einem Vortrag oder einer Podiumsdiskussion. Man signiert Bücher, beantwortet Fragen aus dem Publikum. Man kehrt zum Hotel zurück, bestellt beim Zimmerservice ein Club-Sandwich und lässt sich um fünf Uhr morgens wecken, damit man zeitig am Flughafen ist und zur nächsten Stadt weiterfliegen kann. In der Woche zwischen dem 11. September und dem Mittwochmorgen, als ich zum JFK fuhr, um mich ins Flugzeug zu setzen, schien keiner dieser sonst so normalen Begleitumstände einer Buchveröffentlichung eine vielversprechende oder auch nur halbwegs angemessene Beschäftigung zu sein. Aber – wie die meisten von uns, die während jener Woche in New York waren – befand ich mich in einer Art schützendem Koma, schlafwandelte gleichsam durch einen Zeitplan, der gemacht worden war, als man noch planen konnte.

Tatsächlich erwies sich dieser Selbstschutz als so erfolgreich, dass ich nicht einmal ahnte, wie versehrt wir alle waren, bis zu dem ersten Abend, in San Francisco, wo mir auf der Bühne ein Buch gereicht und ich gebeten wurde, ein paar markierte Zeilen aus einem Essay über New York zu lesen, den ich 1967 geschrieben hatte.

Später erinnerte ich mich, gedacht zu haben: 1967, kein Problem, kein verimintes Gelände.

Ich setzte meine Brille auf. Ich fing an zu lesen.

»New York war nicht bloß eine Großstadt«, begannen die markierten Zeilen. »Es war stattdessen eine unermesslich romantische Idee, der geheimnisvolle Nexus von lauter Liebe und Geld und Macht, der leuchtende und verderbliche Traum an sich.«

Ich kam zu dem Wort »verderblich« und konnte es nicht aussprechen.

Da saß ich also auf der Bühne des Herbst Theatre in San Francisco und war unfähig, die Passage zu Ende zu lesen, unfähig, während der nächsten vielleicht dreißig Sekunden auch nur ein Wort zu sprechen. Über den Rest des Abends und die zwei darauf folgenden Wochen kann ich nur sagen, dass sie vollkommen anders waren als alles, was ich erwartet hatte, vollkommen anders als alles, was ich bis dahin erlebt hatte, eine außergewöhnlich offene Art des Gedankenaustauschs, die Begegnung mit einem Amerika, das offenbar immun gegen konventionelle Weisheiten war. *Political Fictions*, das Buch, das ich auf dieser Reise eigentlich hatte vorstellen wollen, besteht aus einer Reihe von Artikeln, die ich für den *New York Review* über den politischen Mechanismus in Amerika von den Präsidentschaftswahlen

1988 bis hin zu denen im Jahre 2000 verfasst hatte. Die Menschen, mit denen ich mich in San Francisco und in Los Angeles und Portland und Seattle unterhielt, stellten Verbindungen her, auf die ich in meinem betäubten Zustand noch gar nicht gekommen war: Verbindungen zwischen besagtem politischem Mechanismus und dem, was am 11. September geschehen war, Verbindungen zwischen unserem politischen Leben und der Form, die unsere Reaktionen annehmen würden und ja bereits annahmen.

Diese Menschen erkannten, dass schon wenige Tage nachdem die Flugzeuge eingeschlagen waren, die Gelegenheit ergriffen worden war, unter dem Deckmantel einer ja tatsächlich dringend erforderlichen Verstärkung unserer Sicherheit neues Terrain zu besetzen. Diese Menschen erkannten, dass zu einer Zeit, als im Südwesten Manhattans noch Flammen zu sehen waren, die Worte »parteiübergreifend« und »nationale Einheit« schon eine neue Bedeutung angenommen hatten, nämlich die Billigung der bereits existierenden Regierungsagenda – etwa des Gebots weiterer Steuersenkungen, der Notwendigkeit von Bohrungen in der Arktis, des systematischen Abbaus gesetzlicher und tariflicher Bestimmungen zum Schutz der Arbeitnehmer, ja sogar der Bereitstellung von Mitteln für das neueste Raketenabwehrsystem –, als hätten wir nicht mitbekommen, was uns gerade erst vorgeführt worden war: wie beschränkt eine überlegene Technologie angesichts einiger weniger Teppichmesser und der Bereitschaft zu sterben sein kann.

Diese Menschen begriffen, dass an dem Abend, als sich der Präsident zum ersten Mal an die Nation wandte und Judy Woodruff auf CNN erzählte, »ein paar Berater der Demokratischen Partei« hätten ihr gegenüber verlauten lassen, der Präsident müsse sich neu positionieren – dass auch an diesem Abend in Washington die Geschäfte weitergingen. Sie begriffen, dass am selben Abend, als der politische Analyst William Schneider davon sprach, der Präsident habe »seine große Vision gefunden«, und dies werde »nicht mehr die Bush-Ökonomie sein, sondern die Osama-bin-Laden-Ökonomie« – dass am selben Abend Washington immer noch über den Schutz und die Wahrung seiner eigenen Interessen redete.

Diese Menschen kapierten, was da lief.

Und waren nicht angetan.

Sie standen auf und redeten in aller Öffentlichkeit darüber.

Erst als ich nach New York zurückkehrte, stellte ich fest, dass die Menschen dort, wenn sie denn kapiert hatten, was da lief, aufgehört hatten, darüber zu reden. Auf meinem Weg vom JFK in die Stadt sah ich amerikanische Fahnen entlang der ganzen Upper East Side wehen, mindestens bis hoch zur 96th Street, Fahnen, die in der ersten Woche nach dem Ereignis nicht geweht hatten. Ich sage »mindestens bis zur 96th Street hoch«, weil ich ein paar Tage später auf der Rückfahrt von den Washington Heights an den großen Wohnblocks vorbeikam, aus denen sicherlich ein Teil der Truppen rekrutiert würde, wenn es in den »Krieg gegen den Terrorismus« ging – als wäre Terrorismus ein Staat und keine Methode –, und nur wenige Fahnen sah: zwischen der 168th und der 96th Street gerade mal ein halbes Dutzend. So viele hingen allein an dem Gebäude, in dem ich wohne: drei an jedem der beiden Eingänge. Ich deutete dies nicht als einen Ausdruck mangelnder patriotischer Gefühle nördlich der 96th Street. Ich deutete es als einen Ausdruck mangelnden Vertrauens in die Wirksamkeit rhetorischer Gesten.

Meine Rückkehr nach New York verlief in vielerlei Hinsicht nicht wie erwartet. Ich hatte erwartet, dass die verheerende Ökonomie des Ereignisses – die Art und Weise, wie sich die komplizierten Verständnisse und Missverständnisse des letzten Jahrhunderts zu einem einzigen, nicht reduzierbaren Bild verdichtet hatten – untersucht, lesbar gemacht würde. Stattdessen musste ich feststellen, dass das, was geschehen war, bearbeitet wurde, verdunkelt, systematisch von Geschichte und damit Bedeutung gelöst, bis es schließlich schlechter zu entziffern war, als dies noch am Morgen des Ereignisses den Anschein gehabt hatte. Als ob dieses Ereignis, mit dem man sich nicht abfinden konnte, über Nacht handhabbar gemacht worden wäre, reduziert auf das Sentimentale, auf Amulette, Totems, Knoblauchgirlanden, Mythenbildung, die bald darauf in mancher Hinsicht ebenso destruktiv erscheinen würden wie das Ereignis selbst. Jetzt hatten wir »die Liebsten«, hatten »die Nächsten«, hatten »die Helden«.

Tatsächlich war es die reflexartige Wiederholung des Wortes »Held«, die uns auf das einstimmte, was im folgenden Jahr zu einer uneingeschränkten Vorliebe dafür werden würde, die eigentliche Bedeutung des Ereignisses zugunsten einer alles rigoros einebnenden Verherrlichung seiner Opfer zu negieren, zu einer beunruhigend aggressiven Idealisierung historischer Ignoranz. »Taktgefühl« und »Sensibilität«, so wurde immer wieder suggeriert, verbot es uns, die Geschehnisse zu hinterfragen. Bilder der noch stehenden Türme wurden aus der Werbung entfernt, als sollten wir tunlichst vergessen, dass sie je da gewesen waren. Das Rondabout Theatre hatte die Wiederaufnahme von Stephen Sondheims *Assassins* mit der Begründung gestrichen, dies sei »nicht die richtige Zeit«, um vom Publikum zu erwarten, »sich auf eine kritische Auseinandersetzung mit unterschiedlichen Aspekten der amerikanischen Erfahrung einzulassen«. Das McCarter Theatre in Princeton hatte eine Inszenierung von Richard Nelsons *The Vienna Notes* – in der ein terroristischer Akt vorkommt – mit der Begründung abgesetzt, »es wäre unsensibel, wenn wir das Stück zu diesem Zeitpunkt unserer Geschichte aufführen würden«.

In New York stellte ich fest, dass »der Tod der Ironie« bereits ausgerufen worden war, zum wiederholten Mal und, besonders befremdlich, ausgerechnet in dem Moment – da die Tragweite des 11. September ja nicht zuletzt auf seiner konstruierten Implosion historischer Ironien beruhte –, als wir sie vielleicht am bittersten nötig gehabt hätten. »*Ein* Gutes könnte aus diesem Horror erwachsen: Er könnte das Ende des Zeitalters der Ironie bedeuten«, schrieb Roger Rosenblatt wenige Tage nach dem Ereignis im *Time*-Magazine – ein Gedanke, oder auch nicht, jedenfalls prädestiniert dazu, ein häufiges Echo zu finden, aber nie erklärt zu werden. Zugleich stellte ich fest, dass bei der Gelegenheit auch »der Tod des Postmodernismus« ausgerufen worden war. (»Es schien bizarr, dass so schwerwiegende Ereignisse in einen Kausalzusammenhang mit einem elitären akademischen Diskurs gebracht würden«, schrieb Stanley Fish, nachdem ein Reporter ihn am Telefon gefragt hatte, ob der 11. September das Ende des postmodernen Relativismus bedeute. »Aber in den darauf folgenden Tagen spielte eine wachsende Anzahl von Kommentatoren ernst gemeinte Variationen des Themas durch: dass die uns von postmodernen Intellektuellen aufgedrängten Ideen die Entschlusskraft des Landes geschwächt hätten.«) »Postmodernismus« war fortan durch »moralische Klarheit« zu ersetzen, und wer bei der dekadenten Beteuerung blieb, das eine müsse nicht unbedingt das andere aufheben, wurde dem ausgesetzt, was William J. Bennett, der ehemalige konservative Bildungsminister, später – in *Why We Fight: Moral Clarity and the War on Terrorism* – einen »enormen Umlernprozess« nannte, »die Wiederaufnahme eines gründlichen und ehrlichen Studiums unserer Geschichte, nicht verzerrt durch die Linse politischer Korrektheit und pseudointellektuellen Relativismus«.

Ich stellte also in New York fest, dass das gesamte Ereignis – während sich die weniger Wendigen unter uns noch bemühten, es überhaupt zu verarbeiten – bereits in Beschlag genommen worden war, um neuen Boden in alten Kriegen an der Heimatfront zu annektieren. Da gab es den häufigen Gebrauch des Ausdrucks »Blame America Firsters«, die enervierende Lust daran, jeden der Haltung zu bezichtigen, Amerika sei selbst schuld, der es für sinnvoll hielt, auch nur ein Mindestmaß an historischem Bezug zu dem Ereignis herzustellen. Da gab es die clevere Einführung geeigneter Strohmänner. Da unterstellte Christopher Hitchens in seinem öffentlichen Dialog mit Noam Chomsky jedem Argument der Gegenseite die »links-liberalistische Tendenz, den Angriff vom 11. September zu ›rationalisieren‹«. Da hielt Donald Kagan von der Yale University seinem Kollegen Paul Kennedy vor, »auf klassische Weise das Opfer zum Schuldigen zu machen«, weil der seinen Studenten nahegelegt hatte, sich einmal vorzustellen, welche Ressentiments sie vielleicht hegen würden, wenn Amerika klein wäre und die Welt von einem geeinten arabisch-moslemischen Staat beherrscht würde. Da tat Andrew Sullivan auf seiner Webseite kund, dass, während Amerikas Herzland bereit zum Krieg sei, sich die »dekadente Linke in ihren Enklaven an Ost- wie Westküste« sehr wohl zu etwas entwickeln könne, »was einer Fünften Kolonne gleichkommt«.

Da wurde die Jagd auf Susan Sontag eröffnet – auf einer einzigen Seite des *Weekly Standard* in jenem Oktober wurden ihr gleichzeitig »ungewöhnliche Dummheit«, »moralische Leere« und »schiere Taktlosigkeit« vorgeworfen – all das wegen dreier Absätze, in denen sie abschließend äußerte, dass »ein Körnchen historischen Bewusstseins uns dabei helfen [könnte], das Geschehene und das Kommende zu verstehen«; mit anderen Worten, dass Ereignisse ihre Vorgeschichte haben, dass politisches Leben seine Konsequenzen hat und dass die Menschen, die dieses Land führten, und die Menschen, die darüber schrieben und sprachen, sich des Versuchs schuldig machten, seine Bürger zu verdummen, wenn sie weiterhin etwas anderes vortäuschten.

Jedes Bemühen, das Wesen des Feindes zu ergründen, dem wir uns gegenübersahen, wurde, mit anderen Worten, als Sympathie für diesen Feind interpretiert. Als einzige Bezeichnung für die, die uns angriffen, sollte fortan nur noch »Bösewichte« oder »Übeltäter« gelten – eigenartige Konstrukte, die klangen, als würde man Botschaften von irgendeiner höchsten Autorität übermitteln. Es war ein Jahr, in dem wir scheinbar mit einem Schlag in eine prämoderne Welt gestürzt waren. Was uns die Aufklärung an Chancen beschert hatte, schwand dahin. Wir sahen uns gedrängt, eine Argumentation zu akzeptieren, die so wacklig war, dass sie auf der versprochenen Wiederkehr der Cargo-Götter hätte basieren können – und schließlich akzeptierten wir sie tatsächlich.

Ich erinnere mich, dass etwas früher – als John Ashcroft und Condoleezza Rice die Fernsehsender des Landes dringend gemahnt hatten, die bin-Laden-Videos nicht auszustrahlen, weil er auf diesem Wege ja »Informationen weitergeben« könnte – eine erregte Debatte darüber ausgebrochen war, wie sich diese Mahnung auf die im Ersten Amendment garantierte Pressefreiheit auswirken könnte. Als hätte eine Zensur in diesem Fall auch nur irgendetwas gebracht, als hätten wir alle vergessen, dass unsere Feinde genau wie wir in einer Welt lebten, in der Informationen auf effizienteren Wegen weitergegeben werden. Ein Jahr später suchten wir noch immer nach Omen, Zeichen, den übernatürlichen Offenbarungen von Gut oder Böse. Es wimmelte von pathetisch angehauchten Trugschlüssen. Der Regen, der bei einer Gedenkfeier für umgekommene Feuerwehrleute fiel, wurde zum Beweis dafür verklärt, dass »selbst der Himmel weinte«. Und auch der Wind, der während einer Gedenkfeier an Ground Zero aufkam, wurde als Zeichen interpretiert, als Geist der Toten, der sich aus der Asche erhob.

Es war ein Jahr, in dem Konteradmiral John Stufflebeem, seinerzeit stellvertretender Einsatzleiter im Generalstab, bei einer Pressekonferenz im Pentagon sagen sollte, er sei »ein wenig überrascht« vom Unwillen der Taliban gewesen, die »Unvermeidlichkeit« ihrer Niederlage einzusehen. Anscheinend hatte Admiral Stufflebeem gemeinsam mit vielen anderen in Washington erwartet, dass die Taliban einfach aufgeben würden. »Je mehr ich mich damit befasse«, sagte er bei dieser Besprechung, »und in die Sicht der Taliban hineinversetze – die sehen die Welt nicht so wie wir.« Es war ein Jahr, in dem sich die Verlegerin der *Sacramento Bee* bei der Abschlussfeier der California State University in Sacramento gezwungen sah, vom Podium der Arco Arena abzutreten, weil sie in ihrer Rede zu bedenken gegeben hatte, wir würden wegen der »Evidenz« und »Notwendigkeit« verstärkter Sicherheitsanstrengungen überprüfen müssen, in welchem Maße wir »gewillt [sein könnten], unsere bürgerlichen Freiheiten im Namen der Sicherheit zur Disposition zu stellen«. Wie vor Ort über ihre unterbrochene Rede geurteilt wurde, sei hier exemplarisch aus einem von vielen empörten Leserbriefen an den Herausgeber der *Bee* zitiert:

»Dies war wirklich nicht der passende Anlass, uni über bürgerliche Freiheiten, Militärtribunale, terroristische Angriffe usw. zu sprechen. Sie hätte eine Rede über die

Projekte halten sollen, die so viele von uns gerade zu einem erfolgreichen Abschluss gebracht hatten, und die Chancen, die uns in der Zukunft erwarten.«

Falls Sie meinen, dies sei eben typisch Sacramento, muss ich Sie enttäuschen. Denn es war auch ein Jahr, in dem ein studentischer Redner bei einer anderen Abschlussfeier – Harvard 2002 –, ein zweiundzwanzigjähriger Moslem namens Zayed Yasin aus einem Bostoner Vorort, Sohn eines Bangalen und einer irischstämmigen Amerikanerin, in einen wahren Proteststurm geraten sollte, den der angekündigte Titel seiner Rede ausgelöst hatte: *Mein amerikanischer Dschihad*. Tatsächlich passte die Rede, die noch gar nicht gehalten worden war, ohne Bedenken in das für solche Anlässe vorgesehene Schema: Seine Absicht sei es gewesen, erklärte Mr. Yasin der *New York Times*, auf die ursprüngliche Bedeutung von »Dschihad« als Ringen um ein Prinzip zu verweisen und somit seine Kommilitonen für den Kampf gegen soziale Ungerechtigkeit zu mobilisieren. Zudem war dieser Gebrauch des Ausdrucks »Dschihad« in Amerika nun wahrlich nichts Neues: Daniel Yankelovich, ein Meinungsforscher im Auftrag der Demokratischen Partei, hatte erst wenige Monate zuvor den Versuch unternommen, die zentralen Wertvorstellungen zu definieren, die das ausmachten, was er den »amerikanischen Dschihad« nannte: Trennung von Kirche und Staat, Würdigung ethnischer und kultureller Vielfalt und Chancengleichheit. Angesichts der massiven Proteste wurde Mr. Yasin allerdings von Mitgliedern des Lehrkörpers in Harvard nahegelegt, den Titel seiner Rede zu ändern. Er änderte ihn auch. Er nannte ihn jetzt *Über Glauben und Bürgerrechte*. Das wirkte keineswegs auf alle beschwichtigend. »Ich finde nicht, dass das heute hierher gepasst hat«, sagte jemand aus der zur Feier versammelten Elternschaft der *Washington Post*. »Warum die Rede darauf bringen, wenn dies doch ein Tag der Freude sein sollte?«

Dies würde in der Tat ein Jahr sein, in dem es immer schwerer fiel zu verstehen, wer da wen verdummen wollte.

2

California Monthly, die Ehemaligen-Zeitschrift der University of California in Berkeley, veröffentlichte in ihrer Novemberausgabe 2002 ein Interview mit Steven Weber vom Fachbereich Politikwissenschaften, Leiter des »Mac-Arthur Program an Multilateral Governance« an Berkeleys Institut für internationale Studien und Berater für Risikoanalysen im Auftrag des Außenministeriums, aber auch von Klienten aus der Privatwirtschaft, wie etwa Shell Oil. Zufälligerweise befand sich Mr. Weber am 11. September 2001 und in der darauf folgenden Woche in New York. »Ich habe eine Menge Zeit damit verbracht, mit Leuten zu reden, ihnen bei dem zuzusehen, was sie machten, und bei dem zuzuhören, was sie untereinander besprachen«, erzählte er dem Interviewer:

»Das Erste, was einem auffiel, betraf die Buchläden. Am 12. September wurden alle Bücher über den Islam, über Amerikas Außenpolitik, über den Irak, über Afghanistan aus den Regalen genommen. Es gab eine intensive Debatte darüber, welche Aspekte der amerikanischen Präsenz in der Welt eine Situation geschaffen haben, in der Bewegungen wie al-Qaida blühen und gedeihen können. Das hielt ich für ein vielversprechendes Zeichen.

Aber dann wurde die Debatte umgelenkt. Irgendwann Ende Oktober, Anfang November 2001 änderte sich ihr Tenor in die Richtung: Was ist in der islamischen Welt schiefgelaufen, dass sie unfähig war, Demokratie, Wissen, Bildung, ihre eigene Aufklärung hervorzubringen, und stattdessen Gesellschaften geschaffen hat, die den Nährboden für Terrorismus bilden?«

Der Interviewer fragte ihn, wodurch sich seiner Meinung nach die Diskussion geändert habe. »Ich weiß nicht«, antwortete er, »aber ich betrachte es als nachhaltiges Versagen der politischen Führung, der Intellektuellen und der Medien in diesem Land, dass wir die Debatte nicht aufgenommen haben, die sich Ende September entwickelt hat, um sie so konstruktiv wie möglich weiterzuführen.«

Das gab mir zu denken, weil es sich weitgehend mit meiner eigenen Wahrnehmung deckte. Die meisten von uns sahen, dass die Debatte umgelenkt wurde, und die meisten von uns können sich einigermaßen vorstellen, wie und warum sie zu einer Debatte wurde, die zu nichts führte. Einer der Gründe dafür reicht sechzig Jahre zurück und zieht sich durch die Amtszeit eines jeden amerikanischen Präsidenten seit Franklin Roosevelt. Roosevelt war der Erste, der versuchte, die der

Aufgabe – nämlich Palästina dauerhaft als jüdischen Staat zu etablieren – inhärenten Probleme in den Griff zu bekommen. Und es war auch Roosevelt, der das Fundament für unser Verhältnis zu den Saudis legte. Hier gab es einen inneren Widerspruch, und es war Roosevelt, ein Zoon politikon, wie es im Buche steht, der intuitiv die Methode verwandte, die die folgende Regierung übernehmen würde: hinhalten. Alle Möglichkeiten offenhalten. Öffentlich gewisse Versprechungen machen und sie nicht öffentlich konterkarieren. Das war freilich immer ein riskantes Geschäft, doch eine Zeit lang schien der Ertrag angemessen: Wir bekamen das Öl dafür, dass wir den Saudis halfen, wir bekamen die moralische Anerkennung dafür, dass wir den Israelis halfen, und dafür, dass wir beiden Parteien halfen, kamen wir in den Genuss regelmäßiger Aufträge für unsere Rüstungsindustrie, die sich darauf stützen konnte, dass sie alle Seiten mit Waffen versorgte.

Bedenken Sie die Anzahl möglicher Widersprüche.

Sechzig Jahre, in denen wir Versprechungen machten, die wir unmöglich halten konnten, ohne die Versprechungen zu brechen, die wir bereits anderen gemacht hatten.

Sechzig Jahre, in denen wir langfristige, einander widersprechende Verpflichtungen eingingen, hinter verschlossenen Türen und oft genug aus kurzfristigen politischen Gründen.

Sechzig Jahre, die Aufschluss darüber geben können, warum wir nicht mehr imstande sind, über unsere Beziehungen zur derzeitigen israelischen Regierung zu diskutieren.

Ob die von jener Regierung getroffenen Maßnahmen der Selbstverteidigung dienen oder eine besonders weit gefasste Form von Selbstopferung darstellen, bleibt offen. Die Frage hat selbstverständlich eine Vorgeschichte, in der sich viele staatliche und nicht staatliche Akteure tummeln und die sich zunächst, aber keineswegs zuletzt, auf den Zerfall des Osmanischen Reiches zurückführen lässt. Diese offene Frage und ihre Vorgeschichte werden in Jerusalem und Tel Aviv rational und gescheit diskutiert, wie jedem, der Amos Elon oder Avishai Margalit im *New York Review* oder manchmal auch *Ha'aretz* online liest, wohl bewusst sein dürfte. Nicht rational – oder vielmehr so gut wie gar nicht, denn nur wenige von uns sind bereit, sich einen netten Abend vergällen zu lassen – diskutiert wird die Frage in New York und Washington und an solchen akademischen Versammlungsorten, wo die Gesinnungen und Befürchtungen von New York und Washington Anklang gefunden haben. Erst kürzlich hat der Präsident der Harvard University verlautbart, jede Kritik an der derzeitigen israelischen Regierung könne als »effektiv, wenn nicht sogar bewusst antisemitisch« aufgefasst werden.

Gerade die Frage der US-amerikanischen Beziehungen zu Israel wird mittlerweile – in Harvard ebenso wie in New York und Washington – praktisch als Tabu, ja sogar potenziell tödlich angesehen, als rhetorisches Gegenstück zu einer unbeaufsichtigten Tasche in der U-Bahn. Wir gehen in Deckung. Wir warten darauf, dass das ganze Thema entschärft wird, dass es verschwindet hinter einem Schutzschild aus verbalen Attacken und Gegenattacken. Viele Meinungen kommen zum Ausdruck. Wenigen wird erlaubt, sich zu entwickeln. Kaum welche ändern sich.

Wir haben uns in diesem Land mit vielen solcher starren Positionen oder nationalen Mythen abgefunden und sogar mit ihren obligaten Schutzschilden aus verbalen Attacken und Gegenattacken, aus Euphemismen und glatten Falschdarstellungen, mit ihren Abschirmvorrichtungen, die aufgefahren werden, sobald eine echte Diskussion zu entbrennen droht. So haben wir beispielsweise zugelassen, dass die biologische Forschung in Amerika hinter die in Ländern zurückfällt, in denen Stammzellenprogramme nicht mit »Klonen« oder »Abtreibung auf Verlangen« verwechselt werden, mit anderen Worten, Ländern, in denen Rationalität nicht einer Geisteshaltung im politischen Mechanismus geopfert wird. Wir haben zugelassen, dass bei eher abseitigen Themen alle rhetorischen Register gezogen werden, etwa als das Neunte Bundesgericht – die Berufungsinstanz zwischen District Court und Supreme Court – zu dem Urteil kam, die Worte »unter Gott« seien ein nicht verfassungsgemäßer Zusatz zum Fahneneid. Die Eidesformel war 1892 von einem Baptistenpfarrer namens Francis Bellamy verfasst worden, den man wegen des sozialistischen Tenors seiner Predigten im Jahr zuvor aus dem Amt gedrängt hatte. Der Einschub »unter Gott« erfolgte 1954, um den Unterschied zwischen den Vereinigten Staaten und der atheistischen Sowjetunion zu betonen.

»Lächerlich«, verlautete es aus dem Weißen Haus über das Urteil, das die Klausel für nicht verfassungskonform erklärte. »Gurkenjustiz«, sagte Gouverneur

Pataki. »Reiner Quatsch«, sagte Senator Daschle. »Kann ich so nicht nachvollziehen«, sagte der Abgeordnete Gephardt. An dieser Stelle gab es den wahrhaft parteiübergreifenden Drang, der Tragweite der richterlichen Verunglimpfung Ausdruck zu verleihen, dem Affront gegen alle Amerikaner, dem Dolchstoß gegen die Erinnerung an die Helden des 11. September. Nach der Urteilsverkündung im Juni 2002 trafen sich Mitglieder des Repräsentantenhauses auf den Stufen des Kapitols, um gemeinsam den Fahneneid zu sprechen – natürlich mit dem Einschub »unter Gott« –, während der Senat seine Debatte über eine Gesetzesvorlage zur Verteidigungspolitik unterbrach, um eine Resolution zu verabschieden, in der die Entscheidung des Bundesgerichts einstimmig verurteilt wurde.

Unter diesen gewählten Abgeordneten befanden sich etliche, die schnell auch die positiven Aspekte des 11. September ausgemacht hatten. Sie hatten sogleich erkannt, dass die Ereignisse einen ganz neuen Rahmen für die Wiedervorlage der Anträge auf ein obligatorisches Schulgebet und den Verfassungszusatz zum Verbot der Flaggenverbrennung bieten konnten. Zu letzterem Thema nutzte Greg Ganske, ein Kongressabgeordneter, der erfolglos für den Senat kandidiert hatte, den Flag Day, den Gedenktag zur Einführung der Nationalflagge. Er erinnerte auf seiner Webseite daran, dass sein Gegner, Senator Tom Harkin, der im Vietnamkrieg fünf Jahre als Navy-Pilot gedient hatte, diesen Verfassungszusatz im Jahre 1995 abgelehnt hatte. »Nach den tragischen Ereignissen vom 11. September«, hieß es auf der Webseite, »erlebt Amerika einen wiedererwachten Patriotismus und eine wiedererwachte Wertschätzung für unsere amerikanische Flagge. Leider nicht zu jedermanns Wohlgefallen.« Beim Thema Schulgebet nahmen laut *New York Times* etliche Politiker die Gunst der Stunde wahr, indem sie sämtliche Entscheidungen anfochten, die in den letzten vier Jahrzehnten für entsprechende Einschränkungen oder Verbote gesorgt hatten. »Nach dem 11. September«, erfuhr die *Times* von Richard D. Land, dem Präsidenten des Ausschusses für Ethik und religiöse Freiheit der Southern Baptist Convention, »werden es die Säkularisten schwerer haben, ihre Sache zu vertreten.«

Eine Bemerkung zum Fahneneid und dazu, inwieweit er sich mit der Sache überschneidet, die zu vertreten es die Säkularisten schwerer haben werden: Viele Amerikaner legen ihn neuerdings mit einem Zusatz ab, den sie unbedingt und auf Dauer in die Formel aufgenommen sehen wollen: Nach den Worten »Freiheit und Gerechtigkeit für alle« fügen sie hinzu: »Geborenen wie Ungeborenen«.

All diese Themen, selbst die eher abseitigen, sind, wie es so schön heißt, reines Tagesgeschäft, bloße Spielfiguren. Der Verfassungszusatz zum Verbot der Flaggenverbrennung ist nur Tagesgeschäft, das Thema Schulgebet ist nur Tagesgeschäft – ein Knochen für die republikanischen Getreuen in der christlichen Rechten und eine Methode, der Judikative eins überzubraten, ein saftiger Fleischhappen für die »Reagan-Demokraten« oder »Wechselwähler«, die zunehmend als Basis für beide Parteien angesehen werden. Das Verbot der Herstellung neuer Zelllinien aus überzähligen Embryos, das als »Kompromiss« des Präsidenten in der

Stammzellenfrage ausgegeben wurde, ist Tagesgeschäft. Die Tatsache, dass Israel zum Kernpunkt unserer Außenpolitik geworden ist, ist Tagesgeschäft. Bei all dem, was wir als »Tagesgeschäft« abtun, neigen wir dazu, das Fehlen von Logik oder Sinn zu vergessen oder zumindest zu übersehen. Wir sagen uns, dass dies nun mal zum Geben und Nehmen in einer Demokratie gehört, wir sagen uns, dass unsere gewählten Vertreter schon den notwendigen Konsens zustande bringen werden. Wir versuchen uns einzureden, dass irgendwo hinter der aktuellen Geisteshaltung eine verborgene Logik steckt, dass dort Köpfe am Werk sind, dass dort jemand tatsächlich die Zukunft des Landes über die Wahlen 2001 hinaus durchdenkt.

Dies wären tröstliche Gedanken, wenn sie sich nur leichter aufrechterhalten ließen. Tatsächlich haben wir einen politischen Mechanismus geschaffen, in dem »Konsens« das Letzte ist, was die Experten wollen oder brauchen, einen Mechanismus, der eben dadurch funktioniert, dass Ärger, Ängste und Energie der wenigen – der Handvoll Wähler, die sich von ihren eigenen starren Positionen antreiben lassen – gegen den Rest des Landes gerichtet werden. Während der letzten Dekade – das jahrelange Impeachment-Verfahren hindurch bis zum Ausgang der Wahlen 2000 – haben wir gesehen, wie sich die säkulare Demokratie in diesem Land selbst verriet, und die Reaktion auf den 11. September konnte uns nicht glauben machen, das Thema sei auch nur irgendwie geklärt.

Wir hatten erlebt, wie sich scheinbar alle dem fügten, was von der Regierung als unbedingt erforderlich dargestellt wurde. Wir hatten erlebt, wie uns unaufhörlich eingeflüstert wurde, dass jeder, der irgendwelche Bedenken hinsichtlich Internierungen, Militärtribunale oder dergleichen äußerte, in gewisser Weise »gegen« Amerika sei. (Oder in den Worten des Präsidenten: »Wer nicht auf unserer Seite ist, der ist auf der Seite der Terroristen.«) Und vor allem hatten wir erlebt, wie der 11. September ausgeschlachtet wurde, um das neue Konzept von Amerikas angemessener Rolle in der Welt zu rechtfertigen: die Initiierung und Führung eines praktisch immerwährenden Krieges. Und schließlich hatten wir erlebt, wie man von uns – gestützt auf dieses neue Konzept – erwartete, den Krieg in Afghanistan als einen entscheidenden Sieg über al-Qaida, die Taliban und den radikalen Fundamentalismus insgesamt zu interpretieren.

Dies trotz wiederholter Anschläge aus al-Qaida-Kreisen in ganz Südostasien.

Trotz fortgesetzter Brandstiftungen und Raketenangriffe auf Mädchenschulen in Afghanistan.

Und trotz der Tatsache, dass der Einsatzleiter im Generalstab im November 2002 vor der Brookings Institution sagte, wir hätten in Afghanistan Boden verloren, weil sich die Taliban und al-Qaida schneller den US-Taktiken angepasst hätten als die US-Truppen sich den ihren.

3

1988, wenige Wochen, nachdem George W. Bushs Vater zum Präsidenten gewählt worden war, schrieb ich eine Art Nachlese für den *New York Review* über eine Reise, die Bush senior 1986 nach Israel und Jordanien unternommen hatte, als er noch Vizepräsident gewesen war. Er hatte sein eigenes Kamerateam in Israel dabei, aber nicht in Jordanien. Trotzdem hatte sich das Bush'sche Organisationsteam in Amman ziemlich direkt um bildwirksame Sujets für die mitreisende Presse bemüht und dafür eine Reihe konkreter Wünsche vorgelegt: So sollte beispielsweise die jordanische Militärkapelle rote statt weißer Uniformen tragen. Und das vielleicht verblüffendste Detail dieses Forderungskatalogs: Bei jedem Halt auf dieser Reise sollten Kamele bereitstehen.

»Doch genau solche Geschichten erwarten wir ja, wenn wir über unsere gewählten Volksvertreter lesen«, schrieb ich 1988 in *Shooters Inc.* (siehe S. 167):

»Wir erwarten nicht nur, dass sie andere Länder als beliebig austauschbare Kulissen auf der innenpolitischen Bühne benutzen, wir ermutigen sie sogar noch zu solchem Tun. Im April 1961, direkt nach der gescheiterten Invasion in der Schweinebucht, lag der Beliebtheitswert von John F. Kennedy um vier Prozent höher als im Vormonat. Nach der Intervention in der Dominikanischen Republik 1965 stieg der Beliebtheitswert von Lyndon B. Johnson um sechs Prozentpunkte. Nach der Invasion auf Grenada 1983 stieg der Beliebtheitswert von Ronald Reagan um vier Punkte, und was Washington im selben Winter mit dem Stichwort ›Libanon‹ umschrieb – die Entsendung amerikanischer Marines nach Beirut, den Tod von 241 Soldaten und den anschließenden Truppenabzug –, geriet angesichts dieses weithin als Erfolg gewerteten Karibik-Unternehmens mehr oder weniger in Vergessenheit.«

Das war 1988. Vierzehn Jahre später sahen wir wieder neue Kulissen, aber diesmal in einem Theater, das nicht uns gehörte. Der Nahe Osten war nicht Grenada. Und auch nicht die Dominikanische Republik. Er war nicht, wie man in Washington über die Karibik sagte, »unser Teich«. Er war Nitroglyzerin, ein instabiler Teil der Welt, in dem wir es geschafft hatten, ein paar Freunde zu gewinnen und uns viele Feinde zu machen. Und dennoch wurde den ganzen Sommer 2002 lang das Unvermeidliche, nämlich der Krieg gegen den Irak, wie eine schicksalhafte Bestimmung akzeptiert. Das »Wann« war bereits geklärt. »Die Zeit für ausstehende Entscheidungen wird knapp«, hatte uns die *New York Times* im Juli gemahnt, »wenn es das Ziel ist, Anfang nächsten Jahres aktiv zu werden, also bevor die Periode der Präsidentschaftswahlen anbricht.« Dieser letzte Halbsatz verdiente durchaus nähere Betrachtung.

»Bevor die Periode der Präsidentschaftswahlen anbricht.« Nur für den Fall, dass die Prioritäten unklar waren.

Auch das »Warum« war geklärt. Der Präsident hatte Saddam Hussein als einen der Bösewichte ausgemacht. Ja, es gab die Frage, ob dieser Bösewicht auch die Waffen besaß, von denen wir fürchteten, dass er sie besaß; und ja, es gab die Frage, ob er sie auch einsetzen würde, wenn er sie denn besaß; und ja, es gab die Frage, ob ein Angriff auf den Irak nicht gerade dafür sorgen würde, dass er sie auch einsetzte. Aber solche Fragen zu stellen war feige, *unmännlich*, weil der Präsident gesagt hatte, wir würden es tun, und der Präsident, falls er klein beigeben müsste, Gefahr lief, die Punkte zu verlieren, die er an der als männlich definierten Front der »moralischen Klarheit« gesammelt hatte.

»Ich habe beschlossen«, hatte er im April gesagt, »dass Saddam wegmuss.« Dies war eine von vielen seltsamen, beinahe bockig klingenden Äußerungen, die uns anstelle eines Plädoyers geboten wurden. *Ich habe beschlossen. Ich habe in einer Rede nach der anderen gesagt. Ich habe klar zum Ausdruck gebracht.* Diese wiederholten Äußerungen wurden zu ihrer eigenen Begründung: »Angesichts all dessen, was wir als eine führende Weltmacht zur Notwendigkeit eines Regimewechsels im Irak gesagt haben«, erklärte James R. Schlesinger, mittlerweile Mitglied von Richard Perles Defense Policy Board, gegenüber der *Washington Post* im Juli, »würde unsere Glaubwürdigkeit schwer beschädigt, wenn dieser Regimewechsel nicht stattfände.«

Natürlich gab es irgendeine Theorie oder fixe Idee hinter diesen präsidentiellen Verlautbarungen – eigentlich weniger hinter ihnen als ihnen entsprechend, auf eine Art mit ihnen synchronisiert, die viele zu der Annahme verleitet, der Präsident sei tatsächlich an diesem Denkprozess beteiligt. Die Theorie oder fixe Idee, die nicht nur dem 11. September voranging, sondern bis zur Reagan-Regierung und deren berauschenden Rollback-Träumen zurückreichte, war bereits als Erklärung dafür verwendet worden, dass der Präsident all jenen gegenüber, die keine Amerikaner waren, tendenziell eine gewisse Trotzigkeit an den Tag legte. Innerhalb der Theorie konnte nun jede Trotzigkeit zur »Bush-Doktrin« oder zum »Neuen amerikanischen Unilateralismus« hochstilisiert werden. Die Theorie lautete jedenfalls folgendermaßen: Der Zusammenbruch der Sowjetunion hatte den USA die Tür dazu geöffnet, die einzige überragende Weltmacht zu werden, das Reich des Guten, eine Rolle, von der sich alle Länder außer den Schurkenstaaten – wie auch immer die sich dazu äußern mochten –, sehnlich wünschten, dass wir sie annahmen. »Unsere große Nation vertritt nur das beste Interesse aller«, hatte Charles Krauthammer zur Feier dieses Themas in einer Ausgabe des *Weekly Standard* vom Juni 2001 geschrieben. »Dies ist kein eitles Selbstlob; es ist eine Tatsache, die sich darin ausdrückt, wie andere Länder unsere Vormachtstellung begrüßen.«

Es ist wie in einem Traum, aus dem es kein Erwachen gibt: Angesichts dieser fixen Idee und der entsprechenden Traumvorstellung, ein amerikanischer Präsident (Ronald Reagan) habe mit einer speziellen magischen Formel (nämlich der »Reich des Bösen«-Rede) höchstpersönlich den Zusammenbruch der Sowjetunion veranlasst, konnte aus der Aufgabe, unseren Einfluss im Nahen Osten langfristig geltend zu machen, nur ein Gebot werden, eine Pflicht. Im Juni 2002 bemerkte Jim Hoagland in der *Washington Post*, es gebe

»... eine wachsende Akzeptanz im Weißen Haus für die Entsendung einer überlegenen US-Invasionstruppe, die mehrere Jahre auf irakischem Boden verbleiben wird. Die amerikanische Präsenz wird den demokratischen Wandel eines bedeutenden arabischen Landes auf eine Weise unterstützen, die Modellcharakter für die gesamte Region annehmen kann. Darüber hinaus würde ein neues Regime im Irak dazu beitragen, uns Amerikanern größere Sicherheit auf dem Energiesektor zu verschaffen.«

Wenige Wochen später entwarf Michael Kelly in der *Post* ein sogar noch rosigeres Bild vom Ausgang, das auf seiner eher exzentrischen Vorstellung basierte, die jungen Erwachsenen im Nahen Osten haben genau jetzt die Chance, die Vereinigten Staaten nicht als Feind, sondern als »natürlichen Befreier« anzusehen. »Wir empfinden zu Recht, dass wir uns in diesem Moment an einem Angelpunkt der Geschichte befinden«, schrieb er und wandte sich dann gegen jene, die meinen, dass nicht unbedingt wir diesen historischen Moment kontrollieren müssten. »Aber es wäre ein Fehler zu glauben, dass die entscheidenden Kräfte dieses Moments Druck auf die Angeln ausüben, um uns Amerikanern die Tür vor der Nase zuzuschlagen. Vielmehr könnte das Gegenteil wahr sein«, schrieb er, wenn wir nur den nächsten Schritt unternähmen, nämlich »Saddam Husseins Regime zu zerstören und das irakische Volk zu befreien«. Dies wäre der Moment, »an dem die Geschichte wirklich beginnt, sich in ihren Angeln zu drehen«.

Nun reiste ich kürzlich wieder einmal durchs Land, sprach vor und mit Menschen in St. Louis und Columbia und Philadelphia und San Diego und Los Angeles und San Francisco und Pittsburgh und Boston. Auf dieser Reise hörte ich nur wenig von den fixen Ideen über Amerikas angemessene Rolle in der Welt, die mittlerweile den Diskurs in New York und Washington beherrschten. Ich begegnete vielen Menschen, die meinten, dass wir es immer noch mit einem Zusammenbruch der Kommunikation zwischen Regierung und Bürgern zu tun hätten, wie wir dieses Phänomen mittlerweile nennen. Keiner von ihnen glaubte daran, dass ein Krieg gegen den Irak zu einem demokratischen Wandel im Nahen Osten führen würde. Die meisten schienen sich mit der Aussicht abzufinden, dass wir trotzdem Krieg gegen den Iran führen würden. Viele sprachen von einem Gefühl der »Unvermeidlichkeit« oder »Beklommenheit«. Einige wenige nahmen Bezug auf den August 1914 und das damals so ganz ähnliche Gefühl einer unumkehrbaren Strömung hin zum Verhängnisvollen. Etliche erwähnten Vietnam und den ähnlich strahlenden Optimismus jener, die einen wiederum anderen Teil der Welt als Tafel angesehen hatten, auf der sich ihre eigenen überlegenen Spielzüge demonstrieren ließen. Einige wenige sagten, wenn sie am 11. September Angehörige verloren hätten, was nicht der Fall war, dann würde es sie zutiefst verbittern, ihren Verlust dadurch entwürdigt zu sehen, dass er benützt wurde, um diesen neuen Krieg zu rechtfertigen. Sie verstanden nicht, worum es in diesem neuen Krieg ging, aber sie wussten, dass es nicht um das so trefflich ins Bild passende, wenngleich nie eindeutig nachgewiesene Prager Treffen zwischen irakischen Geheimdienstlern und Mohammed Atta ging. Sie mochten nicht glauben, dass es um Öl ging, genauso wenig, wie sie glauben mochten, dass es um unsere Innenpolitik ging. Auf einen Nenner gebracht, würde ich die Haltung dieser Menschen als abwartend bezeichnen. Distanziert.

Wie die meisten von ihnen erinnerte ich mich längst nicht mehr an all die Behauptungen und Ungereimtheiten und klaren Widersprüche aus dem Sommer und Frühherbst 2002. Aber an eines erinnerte ich mich: eine Reihe von Berichten. Es war am 1. Juni, als der Präsident in seiner Rede bei einer Abschlussfeier in West Point verkündete, die Streitkräfte der USA würden fortan nicht mehr defensiv, sondern präventiv gegen Terroristen und feindliche Staaten vorgehen, die sich im Besitz von chemischen, biologischen oder nuklearen Waffen befänden. Es war am 6. Juni, als unser Außenminister der NATO in Brüssel erklärte, sie könne nicht länger auf den »absoluten Beweis« für den Besitz solcher Waffen warten, um geeignete Maßnahmen zu ergreifen. Es war am 10. Juni, als Thomas E. Ricks und Vernon Loeb in der *Washington Post* berichteten, dass aus dem Pentagon verlautete, die Vereinigten Staaten zögen nach dieser neuen Doktrin in Betracht, Atomraketen als Erstschlagwaffen einzusetzen. Solche Mittel seien, laut Pentagon, dem Einsatz »gegen biologische Waffen [vorbehalten], die sich am besten durch die anhaltend hohen Temperaturen bei einer nuklearen Explosion zerstören lassen«. Einige Bunker im Irak seien, so erfuhr die *Post* von Stephen Younger, dem Chef der Pentagon-Abteilung für die Verteidigung gegen Massenvernichtungswaffen, »so unglaublich harte Ziele«, dass sie den Einsatz von »Nuklearwaffen mit hoher Sprengkraft erfordern«.

Ich habe nie wieder eine Erwähnung dieser Überlegungen gefunden. Ich habe nie jemanden darauf Bezug nehmen hören. Nicht einmal während der Diskussion, die sich ein halbes Jahr später entspann, nachdem unsere Regierung öffentlich daran erinnert hatte, die USA behielten sich für den Fall, dass sie oder ihre Alliierten mit Massenvernichtungswaffen angegriffen würden, das Recht eines nuklearen wie auch eines konventionellen Rückschlags vor. Aber schauen wir uns doch einmal an, wo wir jetzt stehen.

Die Ideengeber dieses Mechanismus sprechen vom Angelpunkt der Geschichte.

Und das Verteidigungsministerium sprach bereits im vergangenen Juni, übrigens zum ersten Mal seit 1945, von der Entfesselung nuklearer Vernichtungskraft.

Wie es sich traf, nahm ich Anfang der 1980er-Jahre im Rahmen einer Konferenz der Conservative Political Action in Washington an einer Veranstaltung zu dem Thema »Rollback-Strategien für das Sowjetreich« teil. Einer der Redner an dem Tag war eine Art Abenteurer-Schrägstrich-Ideologe namens Jack Wheeler, der damals sehr gefragt war, weil er gerade erst von einem Aufenthalt bei unseren Freiheitskämpfern in Afghanistan, den Mudschaheddin, zurückgekehrt war. Ich entsinne mich, dass er mit stürmischem Beifall bedacht wurde, als er forderte, den Koran massenweise in die Sowjetunion zu schmuggeln, um »eine islamische Renaissance zu animieren«, auf die der »Tod der tausend Schnitte« folgen werde. Wir alle haben diese Idee heimkommen sehen.

(2002)

Im Land Gottes

Das Schlagwort »mitfühlender Konservatismus« klingt nach politischer Rhetorik und ist oft genug als solche abgetan worden – als Konstruktion ohne immanente Bedeutung, als George W. Bushs Geschick, genau den Ton zu treffen, der es Wählern der Mittelschicht erlaubte, ohne Schuldgefühle für ihre ureigenen Interessen zu stimmen. Der ehemalige Gouverneur Lamar Alexander aus Tennessee nannte es »Geschwafel«. Joe Andrews, der Vorsitzende des Democratic National Committee, nannte es »ein ausgetüfteltes Ausweichmanöver«. »Man kann nicht für derart massive Steuersenkungen eintreten und gleichzeitig … ein mitfühlender Konservativer sein«, erklärte Senator Paul Wellstone aus Minnesota der *New York Times*. Sofern dem Begriff also überhaupt eine Bedeutung zugebilligt wurde, nahm man irrtümlicherweise an, er meine eine wärmere, großzügigere, revisionistische Art von »Konservatismus«. »Ich bin ein Konservativer und stolz darauf, aber ich bin ein mitfühlender Konservativer«, hatte Senator Orrin Hatch gegenüber Judith Miller von der *New York Times* im März 1981 erklärt. »Ich bin kein ultrarechter Fanatiker.« Der frühere Gouverneur Pete Wilson aus Kalifornien regte eine noch deutlicher auf die politische Mitte abzielende Lesart an: mitfühlender Konservatismus heiße, so zitiert ihn die *Washington Post*, »den Haushalt auf ganz altmodische Weise auszugleichen, präventive Gesundheitsmaßnahmen und den Schutz der Umwelt zu fördern, aber auch klar für das Recht auf Abtreibung einzutreten«.

Dies klingt nach einem pragmatischen, wenngleich traditionell ökonomischen Konservatismus, auf den sich viele Amerikaner bequem einlassen könnten. Und doch beschreibt der Ausdruck »mitfühlender Konservatismus« ein ganz besonderes und höchst radikales Experiment mit dem Ziel eines gesellschaftlichen Umbaus, wie ihn Gouverneur Bush anlässlich seiner Kür zum Präsidentschaftskandidaten auf dem Parteitag der Republikaner in Philadelphia definiert hat, vage genug, um seinen Mitstreitern ein Zeichen zu geben, ohne die noch Unentschiedenen zu alarmieren: unter »mitfühlendem Konservatismus« verstehe er, »konservative Werte und Ideen in den Kampf um Gerechtigkeit und individuelle Chancen einzubringen«. Marvin Olasky, Professor für Journalistik an der University of Texas, Bush-Berater seit 1993 und Verfasser des Werkes *The Tragedy of American Compassion* (jenes 1992 erschienene Buch, das Newt Gingrich 1994 zu Weihnachten von William J. Bennett geschenkt bekam und prompt allen republikanischen Kongressmitgliedern empfahl), dem das Werk *Compassionate Conservatism* folgte, äußerte sich schon deutlicher zum Thema. »Mitfühlender Konservatismus ist kein gefälliger Slogan und auch gegen heftige Angriffe nicht gefeit«, warnt er gleich auf der ersten Seite von *Compassionate Conservatism*:

»Es ist ein ausgereiftes Programm mit einer wohlbedachten Philosophie, die im kommenden Jahrhundert keineswegs auf Akzeptanz treffen wird, sondern auf erbitterten Widerstand. Allein die Frage, welche Rolle der Religion in unserer Gesellschaft zukommen soll, bedeutet einen reißenden Strom des Misstrauens, den es zu durchqueren gilt. Unzählige ideologische Heckenschützen werden das Feuer auf dieses Konzept eröffnen. Nur mit politischer Courage wird es dem mitfühlenden Konservatismus gelingen, den Sieg davonzutragen und Amerika von Grund auf zu verändern.«

***

Was Olasky dazu brachte, *The Tragedy of American Compassion* zu schreiben (»ich hoffte auf einen Umbau der Sozialsysteme vom Regierungsmonopol zu glaubensgestützter Vielfalt«), hätte leicht als protestantische Marotte eines Mannes abgetan werden können, der aus beträchtlicher Entfernung zu Amerikas zentristischer politischer Tradition agiert. Und doch bietet das Buch eine gewisse Thinktank-Qualität, womit es in neokonservativen Kreisen auf sich aufmerksam machte. *The Tragedy of American Compassion* ist größtenteils 1990 entstanden, in dem Jahr also, das Olasky als Fellow der Heritage Foundation in Washington verbrachte. Die zentralen Gedanken des Buches weisen eine bezeichnende Ähnlichkeit mit Argumenten auf, die damals schon so sehr Teil des Diskurses waren, dass sie Peggy Noonan bereits 1988 dazu inspiriert hatten, die »tausend funkelnden Lichter« in die Ansprache von Gouverneur Bushs Vater anlässlich dessen Kür zum

Präsidentschaftskandidaten auf dem Parteitag der Republikaner einzubauen. Alfred Regneiy, der das Buch letzten Endes verlegte, erscheint in der Danksagung ebenso wie Patricia Bozell. Charles Murray, der seinerzeit mit Richard R. Herrnstein als Fellow am American Enterprise Institute *The Bell Curve* schrieb, hatte das Vorwort verfasst.

The Tragedy of American Compassion erschien 1992, in einem Jahr, in dem gewisse rhetorische Schlüsselannahmen, nämlich die der »moralischen Verwüstungen« der 1960er und der darauf folgenden »moralischen Verkommenheit« Amerikas, schon etabliert waren. Richard H. Bork, als Märtyrer des richterlichen Ernennungsverfahrens quasi heiliggesprochen, verkündete schon die Maximen, die sein 1996 veröffentlichtes Buch *Slouching Towards Gomorrah: Modern Liberalism and American Decline* prägen sollten. William J. Bennett stand kurz davor, *The Book of Virtues*, sein erstes Buch über moralische Lehren, herauszubringen, während die Nachfolgewerke *The Moral Compass* und *The Death of Outrage* schon in Vorbereitung waren. Es waren turbulente Zeiten, und die dafür typischen, schematischen Ideen schienen oft eigens entwickelt zu sein, den Wunsch nach moralischer Aufrüstung anzuheizen, die alsbald den Diskurs bestimmen sollte. Im Januar 1995 gab Marvin Olasky auf C-SPAN Brian Lamb eine aufschlussreiche Zusammenfassung der Vorgänge in diesen turbulenten Zeiten: »John Fund vom *Wall Street Journal* hat es [*The Tragedy of American Compassion*] gelesen, darüber geschrieben, es gemocht und mit anderen darüber gesprochen. Bill Bennett hat es gelesen und darüber gesprochen und auch ein paar andere Leute. Und dann landete es beim Speaker, und der war ganz begeistert davon und hat auch darüber gesprochen.«

»Unsere Vorbilder sind Alexis de Tocqueville und Marvin Olasky«, hatte Newt Gingrich der Nation kurz zuvor in seiner Antrittsrede als Speaker, also Vorsitzender, des Repräsentantenhauses, verkündet und somit offensichtlich das Werk in sein Programm aufgenommen, das ihm William J. Bennett eine Woche davor zu Weihnachten geschenkt hatte. Das »wichtigste Buch des Jahrzehnts über Wohlfahrt und Sozialpolitik«, hatte Bennett selbst über Olaskys Buch gesagt. Drei Jahre nach der weitgehend unbemerkten Erstveröffentlichung von *The Tragedy of American Compassion* hatte sich also aus seiner reduktiven und beinahe gespenstisch utilitaristischen These, dass die Regierung die Gläubigen finanzieren solle, weil Glauben »funktioniert«, die Idee der Stunde entwickelt, die Superwaffe im »Werte«-Krieg, unsichtbar für den gegnerischen Radar und darauf ausgerichtet, das Prinzip Wohlfahrt mit einem Schlag durch Religion zu ersetzen.

Die Idee zu diesem Buch, so Olasky, sei ihm gekommen, als er die protestantisch geprägte Philanthropie des 19. Jahrhunderts mit säkularen Wohlfahrtsprogrammen verglichen habe, die sich als nutzlos erwiesen hätten, weil sie nicht an die Eigenverantwortung des Einzelnen appellierten. Diese Erkenntnis, schrieb er, sei durch seinen »ganz persönlichen Eindruck vom Engagement der Bürger, das heutzutage den Armen entgegengebracht wird«, bestätigt worden – ein zweitägiges Experiment, für das er als Bettler verkleidet diverse

Suppenküchen in Washington aufsuchte: »Ich zog mir drei alte T-Shirts und zwei schmutzige Pullover an, rüstete mich mit einer typischen Strickmütze und Plastiktüten aus, nahm meinen Ehering ab, rieb mir Dreck in die Hände und legte mir den schlurfenden Gang eines obdachlosen männlichen Weißen um die vierzig zu.« Während dieser zwei Tage (Nächte exklusive) als Stadtstreicher wurden ihm, wie er berichtete (und damit kommen wir zum Kern des Experiments), »jede Menge Nahrungsmittel, die verschiedensten Tabletten, dazu Kleidung und Schlafplätze« angeboten, aber kein einziges Mal eine Bibel.

Es war wohl kaum verwunderlich, dass das Gleichnis vom obdachlosen männlichen Weißen auf der Suche nach einer Bibel bei George W. Bush auf Resonanz stieß. Dieser Mann war nicht nur in Texas aufgewachsen und machte dort Geschäfte, sondern managte ein texanisches Baseballteam, was ihn zum Marktmacher im säkularen Gottesgeschäft prädestinierte. Dieser Mann hatte während eines Vorwahlkampfes von sich reden gemacht, indem er Jesus Christus als den »politischen Philosophen« benannte, den er am meisten bewundere. Dieser Mann schloss sich, als die texanische Wirtschaft Mitte der Achtzigerjahre am Boden lag, einer Gruppe von Geschäftsleuten aus Midland an, die einmal pro Woche im Rahmen einer landesweit operierenden Organisation namens Community Bible Study zusammenkam und zu deren Programm unter anderem Zeugnis-Ablegen in zwölf Stufen gehört, das hieß in diesem Falle »Bibeltreue im Leben der Leiter und Gruppenmitglieder«. Bushs Gruppe bestand aus »Babyboomern, jungen Familienvätern«, erzählte ein ehemaliges Mitglied Hanna Rosin von der *Washington Post.* »Und plötzlich befanden wir uns im freien Fall. Also begannen wir, nach einer Erklärung zu suchen. Vielleicht hatten wir uns zu sehr mit dem Geldverdienen beschäftigt. Vielleicht hieß es jetzt für uns, den Blick nach innen zu richten und einen neuen Sinn im Leben zu finden.«

1993 wurde Marvin Olasky das erste Mal zu einem Treffen mit Bush gerufen, der sich damals nach Themen umsah, mit denen er Ann Richards, die amtierende Gouverneurin von Texas, besiegen könnte. Olasky, Bush sowie der Bush-Berater Karl Rove unterhielten sich eine Stunde lang, in der Bush, laut Olasky, »Kernfragen zu den Themen uneheliche Kinder und auf der Straße dahinvegetierende Junkies stellte«. Aber Bush, mittlerweile Gouverneur, hatte erst im Jahre 1995 erneut die Gelegenheit, sich mit Olasky zu treffen. Zu dem Zeitpunkt nämlich, als er das politische Potenzial darin erkannte, ein christliches Drogenprogramm namens Teen Challenge zu protegieren, dem die texanischen Behörden den Geldhahn zudrehen wollten, weil es unter anderem die Vorschrift missachtete, dass Drogenberater in konventionellen Entwöhnungstechniken ausgebildet sein mussten. (Konventionelle Entwöhnungstechniken basieren in diesem Land größtenteils auf der Zwölf-Stufen-Methode, die sich auf eine nicht genauer definierte »Höhere Macht« beruft oder auf »Gott, so wie wir Ihn verstehen«. In den Worten des Geschäftsführers war die alternative Entwöhnungstechnik bei Teen Challenge »Jesus Christus«.) Während seiner Gouverneursjahre machte Bush Texas zum ersten Bundesstaat, der nicht nur die Umleitung von staatlichen Geldern zu glaubensgestützten Programmen gesetzlich verankerte, sondern auch die staatliche Kontrolle solcher Programme aushebelte, was ihm im Verlauf dieser Pionierarbeit erhebliche Rückendeckung von der religiösen Rechten einbrachte. »Damit ergab sich für einen weitsichtigen Gouverneur die Möglichkeit, die Führung zu übernehmen«, beschreibt Olasky diesen Prozess. »George W. Bush war für den Erfolg bestimmt, nicht nur, weil sein Vater die ›tausend funkelnden Lichter‹ hochgehalten hatte, sondern auch dank seiner persönlichen Bekehrung im Jahre 1986 vom zeitweilig harten Trinker zum Abstinenzler.«

Olasky ist nie Vollzeitberater von Bush gewesen, und doch dürfte sein Engagement aus etwas mehr als den »vielleicht ein, zwei Treffen« bestanden haben, wie sie die Bush-Helfer verbreiteten, denen es offensichtlich Magenschmerzen bereitete, mit welchem Enthusiasmus Olasky seine weniger gut vermarktbaren Positionen, wie etwa zur Rolle der Frau oder der Missionsarbeit, publik macht. Als T. Christian Miller von der *New York Times* im Juli 2000 darüber berichtete, »wie Bush sich von den Kontroversen um Olasky distanziert«, zitierte er einen Sprecher Bushs, der sagte, die beiden hätten sich nur zweimal getroffen, einmal 1996 und einmal 1999, obwohl schon die Begegnungen 1993 und 1995 ausführlich dokumentiert worden waren. »Marvin ist ein protestantischer Christ, und Bush ist ein protestantischer Christ«, erklärte John J. DiIulio jr., ein Bush-Berater, um so die geistige Schnittmenge zwischen den beiden zu definieren. »Aber Bush meint nicht, dass es bei jedem glaubensgestützten Programm um Bekehrung geht.«

Olasky meint das allerdings schon, und aufgrund dessen, was Gouverneur Bush selbst gesagt hat, ließe sich wohl kaum behaupten, dass Bush dem nicht auf einer, wenngleich schwer definierbaren, Ebene zustimmte. »Auf die Frage, warum manche glaubensgestützte Konzepte erfolgreich sind, während säkulare Programme scheitern«, schrieb Olasky über Bush, »äußerte er sich höchst anerkennend über Organisationen, die Menschen dabei helfen, ›zur inneren Umkehr‹ zu finden.« »Ein Mensch, der zur inneren Umkehr gefunden hat«, zitiert Olasky Bush, »läuft weniger Gefahr, von Drogen oder Alkohol abhängig zu werden oder zu bleiben ... Auch ich habe damit meine Erfahrungen gemacht. Wie ja allgemein bekannt sein dürfte, habe ich aufgehört zu trinken, und zwar im Wesentlichen deshalb, weil ich 1986 Jesus Christus als meinen persönlichen Erlöser angenommen habe.« Jesus Christus als persönlichen Erlöser anzunehmen ist nun ziemlich zentral für die evangelistische Bekehrung (oder »Wiedergeburt«, sowohl Gouverneur Bush als auch Vizepräsident Gore bezeichnen sich als »wiedergeboren«) und zieht für evangelistische Christen, die erlöst werden wollen, die Verpflichtung nach sich, andere zu bekehren, was in Bushs Worten heißt, Menschen zur inneren Umkehr zu verhelfen. Diese Missionspflicht, deren biblische Grundlage Matthäus 28,19 ist (»Darum gehet hin und machet zu Jüngern alle Völker: taufet sie auf den Namen des Vaters und des Sohnes und des Heiligen Geistes«), beruht auf dem Glauben, den Bush bekanntlich 1993 gegenüber einem Reporter des

Austin American-Statesman so formuliert hat, dass jene, die nicht an Christus glauben, zur Hölle fahren werden. »Bush hat einfach nur die orthodox biblische Antwort gegeben«, erklärte Marvin Olasky später gegenüber der Onlinezeitschrift *Salon* zu diesem Punkt. »Es steht geschrieben, dass man an Jesus Christus glauben muss, um in den Himmel zu kommen; Juden glauben nicht an Jesus Christus; ergo kommen Juden nicht in den Himmel. Kein Wunder also, dass es ein großes Trara darum gegeben hat.«

Im Februar 1999 wurde Olasky zum Leiter von Bushs politischem Unterausschuss für Religion ernannt, nachdem die beiden zu einer vierstündigen Sitzung zusammengekommen waren, in der sie und diverse Bush-Helfer politische Nägel schmiedeten. In einer Kolumne der *World* vom Oktober 1999, in der konservative Christen dazu aufgefordert wurden, sich nicht vom politischen Geschehen abzuwenden, beschrieb Olasky seine Rolle als »Versuch, mir selbst treu zu bleiben, indem ich einem der Präsidentschaftskandidaten für die Grand Old Party ein paar informelle Ratschläge gegeben habe«. Ein Umstand, der ihn, wie er selbst erklärte, dazu gebracht hatte, sich von der Berichterstattung der *World* über den Wahlkampf zurückzuziehen. Doch Ende März 2000, im Gefolge eines kleineren Mediensturms über eine Kolumne für den *Austin American-Statesman*, in der er drei politischen Kommentatoren, die zufälligerweise allesamt Juden waren, vorgeworfen hatte, John McCain, der in den Vorwahlen deutlich vor Bush gelegen hatte, hochzuschreiben, weil dieser nicht Bushs »Kreuz tragen« müsse und ihnen so erlaube, sich in »einem post-clintonschen Schein [zu sonnen], ohne sich mit ihrem eigenen Leben auseinandersetzen zu müssen«, spielte Olasky seine Beraterrolle für Bush zu »einem kleinen Auftrag im letzten Jahr« herunter und erklärte, dass er sich, da diese Verbindung ja nun kein Thema mehr sei und die christlichen Konservativen ohnehin »eindeutig für die Bush-Position eintreten«, auch wieder frei fühle, den Wahlkampf zu kommentieren.

Wie beiläufig und flüchtig Olasky seine Botschaften auch aussenden mochte, sie fügten sich jedenfalls vortrefflich in gewisse bereits etablierte Anliegen des Kandidaten, hauptsächlich die für den stückweisen Ausverkauf der Regierung an die Privatwirtschaft und für eine feste Haltung gegenüber weniger produktiven Bürgern. »Marvin bietet nicht nur einen Entwurf für die Regierungsarbeit«, erklärte Bush in dem Vorwort, das er für *Compassionate Conservatism* schrieb, »sondern auch ein inspirierendes Bild der großartigen Ressourcen, die das amerikanische Volk zu bieten hat: Anstand, Fürsorge und Engagement gegenüber den Schwächeren«. Wie genau Olaskys »Entwurf für die Regierungsarbeit« umgesetzt werden sollte, wurde am 22. Juli 1999 klar, als Bush in Indianapolis die Rede hielt, die Olasky als Höhepunkt eines Prozesses beschrieb, der mit jenem vierstündigen Treffen im Februar begonnen hatte. »Zuerst entwickelten die Vordenker aus den Eliteuniversitäten die Ideen«, schrieb er. »Dann begutachtete Bushs Küchenkabinett aus der alten Heimat diese Vorschläge und versuchte, sie miteinander zu verbinden. Und schließlich entschied Gouverneur Bush, mit welchen er seinen Wahlkampf bestreiten und welche er zurückstellen würde.«

»Überall da, wo sich meine Regierung in der Verantwortung sieht, Menschen zu helfen«, sagte Bush an jenem Tag in Indianapolis, »werden wir uns zunächst auf die glaubensgestützten, karitativen und gemeinnützigen Organisationen verlassen, die unter Beweis gestellt haben, dass sie Leben retten und ändern können ... Wir werden alle Gesetze und Verordnungen korrigieren, welche die Zusammenarbeit von Regierung und privaten Einrichtungen behindern.« Die Geschichten, die an jenem Tag erzählt wurden, um zu verdeutlichen, dass man »Leben retten und ändern« könne, erscheinen mittlerweile vertraut, nicht nur, weil sie im Wahlkampf so häufig wiederholt wurden, sondern weil sie in Ton und Bildlichkeit fast identisch mit denen sind, die Marvin Olasky erzählte. So berief sich Bush auf den Fall »eines jungen Texaners namens James Peterson, den eine Serie von Unterschlagungen ins Gefängnis gebracht hat« und der sich, als die Zeit für seinen Haftprüfungstermin nahte, einem glaubensgestützten Programm namens InnerChange anschloss. »James« schlug das Angebot aus, seine Reststrafe auf Bewährung zu verbüßen, und blieb lieber im Gefängnis, »um den Weg des InnerChange zu Ende zu gehen«. Was auch immer dort vorgegangen sein mag, Bush legte es als Happy-End aus. »Wie James es formulierte: ›Es gibt nichts, was ich lieber möchte, als wieder draußen in der Welt bei meiner Tochter Lucy zu sein, [aber] ich erkannte, dass dies die Chance war, ein lebender [Zeuge] für meine Brüder [im Gefängnis] und für die Welt zu werden. Ich möchte im Gefängnis bleiben, um die Verwandlung zu vollenden, die [Gott] in mir begonnen hat.‹«

Unter den an jenem Tag in Indianapolis Versammelten befanden sich auch politische Reporter von drei der bedeutendsten Zeitungen Amerikas, Adam Clymer von der *New York Times*, Terry M. Neal von der *Washington Post* und Ronald Brownstein von der *Los Angeles Times*. »Erste große politische Rede«, lauteten ihre Berichte am nächsten Morgen. »Bislang ausführlichste Definition seines Bekenntnisses zum ›mitfühlenden Konservatismus‹.« Sie hatten den Kandidaten also sagen hören, dass Bundesmittel nicht nur an einzelne Staaten umgeleitet werden sollten, sondern auch direkt an »karitative Organisationen und lokale Heilkundige«. Sie hatten den Kandidaten versprechen hören, seine Regierung werde die »Rolle und Reichweite« solcher Organisationen vergrößern, »ohne sie zu verändern oder zu korrumpieren«. Das war ein bedeutender Erfolg für Olasky, da diese Formulierung all jenen die Türen öffnen würde, die er »Missionisten« nennt, also Fundamentalisten, deren Ziel die Bekehrung ist. Sie hatten den Kandidaten – der damit jedem Verdacht vorbeugen wollte, ein »unveränderter« (oder »unkorrumpierter«) »lokaler Heilkundiger« könnte »Glauben« zum Lackmustest machen – ein mittlerweile bekanntes, aber empirisch zweifelhaftes, utilitaristisches Argument anführen hören. »Es funktioniert«, hatte der Kandidat gesagt, und dann: »Manchmal erfüllen sich unsere größten Hoffnungen nicht in der Reform, sondern in der Erlösung.« Dass ein der Mitte zugeordneter Kandidat für das höchste politische Amt in Amerika solche Behauptungen von sich gab, hätte eigentlich der Berichterstattung wert sein sollen, war es aber nicht: »Erlösung« hatte sich als politisches Programm im

Juli 1999 bereits so weit etabliert, dass weder dieses Wort noch die Worte »ohne sie zu ändern oder zu korrumpieren« am nächsten Tag in einer der drei wichtigsten Zeitungen des Landes auftauchten.

***

Bei einer Umfrage der *Los Angeles Times* im Februar 1999, direkt nachdem der Antrag, den Präsidenten des Amtes zu entheben, vom Senat abgelehnt worden war, erklärten mehr als zwei Drittel der Befragten, trotz Clintons Fehlverhalten nicht den Respekt vor dem Präsidentenamt verloren zu haben. 68 Prozent erklärten, sie wollten im Präsidentschaftswahlkampf 2000 nichts von diesem Thema hören. Mehr als drei von fünf Befragten erklärten, die Republikaner hätten das Impeachment »in erster Linie [betrieben], weil sie Präsident Clinton politisch beschädigen wollten«. Lediglich ein Drittel der Befragten – was ziemlich genau der republikanischen Stammwählerschaft entspricht – erklärte, die Republikaner hätten das Verfahren aus Sorge über die Auswirkungen von »Clintons Handlungen auf das Rechts- und Moralempfinden des Landes« betrieben.

Die spekulative Annahme, die meisten Amerikaner fühlten sich von Clintons Regierung »abgestoßen«, was sich negativ auf Gores Kandidatur auswirken werde, blieb dennoch vorherrschend und sollte, wie mit der Entscheidung für Senator Joseph I. Lieberman als designiertem Vizepräsidenten klar wurde, alsbald die Stoßrichtung von Gores Wahlkampf beeinflussen. »Die wesentlichen Fakten sprechen für Gore«, bestätigte der politische Analyst Allan J. Lichtman im September 2000 der *New York Times*. »Frieden, Wohlstand, Stabilität und eine geschlossen auftretende Partei an der Macht. Warum ist also dennoch ein Kopf-an-Kopf-Rennen daraus geworden? Wegen der Clinton-Skandale.« Ed Goeas, ein Meinungsforscher im Auftrag der Republikaner, stellte die Behauptung auf, Gore litte unter den »Nachwirkungen des Impeachments. Die Wähler waren dagegen, weil sie eine generelle Destabilisierung befürchteten. Jetzt, wo das kein Thema mehr ist, macht sich bei ihnen ein ganz anderes Gefühl breit – sie wollten keine Amtsenthebung, aber sie halten das, was Clinton getan hat, für Unrecht.«

Die Wahl von Senator Lieberman wurde allgemein als Versuch Gores betrachtet, dieses mutmaßliche öffentliche Gefühl ins Positive zu wenden, den Wählern »eine Botschaft zu vermitteln«. Doch die eigentliche Botschaft, die da vermittelt wurde, richtete sich nicht an die Wähler, sondern an die politische Klasse – an die kleine Gruppe derer, die schrieben und sprachen und daran festhielten, dass die »Clinton-Skandale« eine Last darstellten, von der man sich befreien müsse. Senator Lieberman, der immer gern mehrere Pferde ins Rennen schickte und es damit zu nationaler Aufmerksamkeit gebracht hatte, für kurze Zeit sogar auf die Hauptbühne, als er es nämlich schaffte, den Präsidenten wegen dessen »skandalösen« und »unmoralischen« Verhaltens anzuprangern, dann aber gegen seine Überzeugung zu stimmen, dieser Senator Lieberman war – außer für die Presse – keine besonders einnehmende Persönlichkeit. Da gab es bei jenen ersten wackligen Schritten als Kandidat für die Vizepräsidentschaft die häufigen Bemerkungen über »private Momente des Gebets« und das »Wunder« seiner Nominierung. Da gab es die eindringlichen Verweise auf seine Rolle als hingebungsvoller Sohn, wie er sie der Nation in der Rede auf dem demokratischen Parteitag vorführte: »Mom, vielen Dank, ich liebe dich, und du und ich, wir wissen, wie stolz Pop heute Abend wäre. Ja, wir lieben dich sehr, Mom.« Da war die irritierend gönnerhafte Art, in der er seinen Mitkandidaten behandelte, als käme ihm nicht einmal in den Sinn, dass seine unerbetenen Zeugnisse für Gores Charakterstärke (»Ein mutiger Mann! Das hat er dadurch bewiesen, dass er mich zu seinem Teamgefährten berufen hat!«), darauf schließen lassen könnten, dieser habe auf diesem Gebiet Unterstützung nötig.

Das Muster seiner Reden, in der sich die Last ausdrückte, die er für uns alle trug, und der persönliche Lohn, den er von Gott für diese Schlepperei empfangen durfte, hatte durchaus etwas Selbstgefälliges. In seinem *In Praise of Public Life*, einem eher bescheidenen Werk, das sich wie eine Rechtfertigung seiner Karriere als Berufspolitiker liest, bemerkte er, dass er »die Verachtung [jener] ertragen« müsse, die Politikern misstrauen, dass er Gefahr liefe, »im Wahlkampf besudelt zu werden«, dass diesen Kampf zu gewinnen, nur bedeute, »eine weitere Arena [zu betreten], die hässlicher als früher geworden ist«. Nachdem er 1988 in den Senat gewählt worden war, wappnete er sich für die Arena, die hässlicher als früher geworden war, indem er »private Besuche bei drei religiösen Führern [machte], die mir sehr viel bedeuteten, um sie zu bitten, für mich zu beten, als ich dieses neue Kapitel in meinem Leben aufschlug«. Die religiösen Führer, die zu besuchen er sich entschloss – wobei sich da bereits zeigte, wie umsichtig er seine Einsätze zu platzieren vermochte –, waren der katholische Erzbischof von Hartford, ein protestantisch-freikirchlicher Geistlicher, und der Lubawitscher Rabbiner Menachem Schneerson in Brooklyn.

Da gab es, wie der Leser in *In Praise of Public Life*, erfährt, »nicht diesen einen entscheidenden Grund« für das Scheitern seiner ersten Ehe nach sechzehn Jahren, und doch liefert er uns Gründe, von denen ihm jeder einzelne zur Ehre gereicht. Der Präsident mochte »skandalöse« und »unmoralische« Taten begangen haben, aber Senator Lieberman nicht, und als bei einer Radiosendung die leise Frage aufkam, ob er vielleicht doch …, habe sich seine Ex-Frau sogleich erregt übers Zuhörertelefon gemeldet, um zu erklären, »sie wisse genau, dass ich niemals Ehebruch begangen habe«. Stattdessen sprach er von »der Tatsache, dass ich mit den Jahren meine religiösen Pflichten weitaus getreuer einzuhalten begann als zu der Zeit, in der wir uns kennengelernt und geheiratet hatten«. Außerdem war die Rede von »Forderungen, die meine politische Karriere an unser Privatleben stellte. Darin bestehen sicherlich mit die größten Opfer und Risiken eines öffentlichen Lebens«.

Da gab es nach Gores Entscheidung, Lieberman als seinen Vize zu benennen, die gebetsmühlenartigen Wiederholungen der Vorteile, die daraus erwachsen würden. »Integrität auf dem Wahlzettel« titelte die *Washington Post* am Morgen nach der Bekanntgabe. »Ein

Gore-Lieberman-Team wird gewiss nicht mit unmoralischem Verhalten in Verbindung gebracht werden«, erklärte Al From vom Democratic Leadership Council der *New York Times*, was zu einer ähnlichen Lobrede (auf die »Glaubwürdigkeit«, die »Mr. Lieberman jedem vermittelt, mit dem er in Kontakt kommt«) von Reverend Jerry Falwell führte. Senator Lieberman verleihe dem Kandidatenteam, wie immer wieder gesagt wurde, »moralische Autorität«, weil er laut der am häufigsten zitierten Quelle »furchtlos seine Meinung vertreten« oder »furchtlos seinen Überzeugungen entsprechend gehandelt« habe, indem er sowohl Clinton als auch die Popkultur anprangerte. »Hollywood«, hatte er erklärt, »versteht nichts von Anstand.« Obwohl Hollywood – ebenso wie Clinton zur Zeit seines Impeachment-Verfahrens – als kein besonders bewegliches Ziel gegolten haben dürfte, war Lieberman damit in seinem Kreuzzug ein weiterer Beweis für »Furchtlosigkeit« geglückt. Genau wie er sich mit Lynne Cheney zusammengetan hatte, um das Dogma der »Political Correctness« anzuprangern (ein weiteres eher lethargisches Ziel), tat er sich mit William J. Bennett zusammen, um die »steigende Flut von Sex und Gewalt in unserer Popkultur« anzuprangern. Dies beweise, so hieß es, Liebermans »Unabhängigkeit« oder Fähigkeit, »sich von seinem Gewissen leiten zu lassen«, das wie ein stets nach rechts zerrender Golden Retriever daherkam, wild entschlossen, seinem Herrn und dessen 95 Prozent auf der A.-D.-A.-Skala auszubüxen. »Bei Themen, die ans Eingemachte gehen«, erklärte Bennett gegenüber E.J. Dionne jr., »kann man sich auf ihn verlassen.«

Die eher theatralische Bescheidenheit, mit der Senator Lieberman diese überparteiliche Bewunderung akzeptierte, diente nur dazu, jene weiter zu ermutigen, die schrieben und sprachen und Meinungen feilboten. »In der Wahl dieses Mannes«, schrieb Richard Cohen auf der Redaktionsseite der *Washington Post*, »[...] zeigt Gore, dass er sich mit einem Teamgefährten wohlfühlt, der sich bei Clintons Verhalten unwohl gefühlt hat.« David Broder erwähnte »den moralischen Aspekt, den er einbringt [...] Lieberman verkörpert und definiert die Maßstäbe, nach denen Politiker beurteilt werden sollten«. George Will sprach von dem »ungeheuchelten Abscheu«, mit dem Lieberman Clinton verurteilt habe, und davon, dass dieser ungeheuchelte Abscheu durchaus »die nationale Sehnsucht« ansprechen könnte, diesen Präsidenten loszuwerden. Das Editorial der *New York Times* sah Gores Entscheidung für Lieberman als »ein Signal, dass dieses Gespann Mr. Clintons persönliches – im Gegensatz zu seinem politischen – Vermächtnis weit hinter sich gelassen hat. Mr. Liebermans moralische Autorität rührt aus der Haltung, die er vor zwei Jahren in seiner Kritik an Mr. Clintons Handlungsweisen zum Ausdruck gebracht hat«. Die Begeisterung beschränkte sich auch nicht auf das Editorial und die Redaktionsseite: In ein und derselben Ausgabe bescheinigte die *Times* Mr. Lieberman auf der ersten Seite mit den Worten ihrer Reporter »moralische Rechtschaffenheit«, »seriöse Absichten«, »Integrität«. Er sei »unverdorben«, sein Ruf der eines »der rechtschaffendsten Amtsträger des Landes«, »ein moralischer Kompass im Dschungel der Politik«.

Dass die demokratische Wahlkampagne sonst ohne

moralischen Kompass umherirren bzw. ohne Beichtvater Lieberman den Sturm der mutmaßlichen nationalen Sehnsüchte, Clinton abzustrafen, ernten würde, wurde als gegeben hingenommen, da für diejenigen, die schrieben und sprachen und Meinungen feilboten, die Wut und die Sehnsucht oder vielmehr die Wünsche der Nation notwendigerweise untrennbar mit der Wut und den Wünschen der politischen Klasse verbunden waren. Dass die Wünsche der Nation stattdessen auch einmal von einem ganz normalen Bürger artikuliert werden könnten, sofern es ihm gelang, durch die Wolkendecke der Berichterstattung zu dringen, schien gar nicht vorgesehen zu sein. Am Morgen des 4. September 2000 erinnerte Katharina G. Seelye von der *Times* in einer Nachrichtenanalyse unter dem Titel »Gore, nach wie vor im Aufwind, eröffnet Herbstoffensive in Florida« – ein ungefährlicher Flug innerhalb der Wolkendecke – ihre Leser daran, was laut Vorgabe das »zentrale Anliegen« des Wahlkampfes war: »Während die Wähler durchaus zu würdigen wissen, wie gut es ihnen geht, bleibt ihre Empörung über Mr. Clintons privates Verhalten bestehen, was ein komplexes Netz aus Gefühlen schafft, in dem sich Mr. Gore immer wieder zu verfangen scheint.« Diese Geschichte erschien auf Seite 14 A. Am selben Morgen und ebenfalls auf Seite 14 A zitierte Richard Perez-Pena von der *Times* in einer Reportage über einen Gore-Lieberman-Auftritt auf einer Baustelle im Zentrum von Philadelphia einen 21-jährigen Elektriker, den er vor Ort interviewt hatte. »Clinton hat das mit der Wirtschaft gut in den Griff gekriegt, und Gore war sein Vize«, sagte dieser ganz normale Bürger laut Reportage, »und wo wir

Clinton ja nicht mehr wieder wählen können, ist er sicherlich der Nächstbeste.«

***

»Es spricht nichts dagegen, dass Kandidaten deutlich machen, welchem Glauben oder welcher Religion sie anhängen. Etwas anderes ist es, wenn sie anfangen, ihre Überzeugungen in die öffentliche Arena, in die Politik zu tragen. Denn dann kann es zu solchen Aussagen kommen, wie wir sie diese Woche von Gouverneur Bush gehört haben – dass Amerika das Land Gottes sei. Dass Gott es geschaffen habe … Und Cheney, sein designierter Vizepräsident, hat erklärt, dass Toleranz in diesem Land so beschaffen sein sollte, wie Jesus Christus sie gelehrt hat. Das alles klingt wie eine Predigt direkt von der Kanzel. Was wir heute erleben, ist ein Wahlkampf mit Kandidaten, die sich gegenseitig darin überbieten, wie fromm sie sind und welch großen Teil Gott in ihrem Leben einnimmt … Und dieser neue Schwerpunkt auf Glauben und Religion könnte uns in einem Wahlkampf, in dem es um Inhalte gehen sollte, urplötzlich von unserer Erfahrung aus zweihundert Jahren Geschichte abbringen.«

Abraham H. Foxmann in *This Week*,
Sonntag, 3. September 2000

»Bill Clinton ist mit dem billigen Trick ins Weiße Haus gekommen, dass er seine Gehilfen die Parole ›It's the economy, stupid‹ hat hochhalten lassen, aber die siegreiche Partei ist im Allgemeinen immer die gewesen, welche die hohe Warte der Moral für sich beanspruchen konnte. Deshalb haben Joe Liebermans Reden von Gott, mit denen die Wähler dazu gebracht werden sollen, Bill Clintons gottloses Treiben zu vergessen, Al Gore auch solchen Erfolg beschieden.«

Marvin Olasky in *World*,
Samstag, 23. September 2000

Es war ein Wahlkampf, bei dem für die Demokraten zwei Berufspolitiker antraten, von denen einer schon in das Spiel hineingeboren war und der andere von sich behauptete, von »Autoritätsfiguren« dazu bewegt worden zu sein, die bereits auf dem Feld gewesen waren, angefangen mit einer »Reihe von würdigen, sympathischen Bürgermeistern, die Stamford regierten«. Da bewarb sich bei den Republikanern jemand um die Präsidentschaft, dessen bislang erfolgreichste Unternehmung auf seiner fragwürdigen Bereitschaft beruhte, im ersten Jahr der Präsidentschaft seines eigenen Vaters auf einen Amigo-Deal (oder ein »Bonus«-Geschäft mit zehnprozentiger Beteiligung) beim Kauf des Profi-Baseballteams Texas Rangers durch ein Investorenkonsortium einzugehen, einen 86-Millionen-Dollar-Deal, bei dem der persönliche Einsatz des Kandidaten lediglich $ 606 000 betrug. Da bewarb sich bei den Republikanern jemand als Vizepräsident, der seine Golfkriegsgewinne in einen 45,5-Millionen-Dollar-Anteil bei Halliburton gesteckt hatte und sich auf die Frage, warum er bei den texanischen Vorwahlen im Jahre 2000 (oder vielmehr bei vierzehn der sechzehn Wahlen während der Zeit, als er seinen Wohnsitz in Dallas County gehabt hatte) nicht wählen gegangen war, zu der Antwort bemüßigt fühlte, er sei auf »globale Angelegenheiten« konzentriert gewesen – so wie er während der Vietnamkriegsjahre, in denen er an der University of Wisconsin erfolglos an seiner Promotion gearbeitet hatte, um nicht eingezogen zu werden, auf »andere Prioritäten« konzentriert gewesen war.

Die Gründe, aus denen sich jeder dieser vier Kandidaten für die »hohe Warte der Moral« qualifiziert sah, bleiben unklar, und doch haben ihre Ansprüche auf diesen Phantomort, mit Gouverneur Bush und Senator Lieberman an der Spitze, aber Vizepräsident Gore und Mr. Cheney nur knapp dahinter, letztendlich den Wahlkampf dominiert. Jeder dieser vier Kandidaten hatte die zentrale Rolle von »Glauben« in seinem eigenen Leben und in dem der Nation bezeugt. Jeder dieser vier Kandidaten hatte seine Absicht erklärt, »glaubensgestützte Organisationen«, die »faith-based organizations« (mittlerweile ein derart verbindlicher Teil politischer Rede, dass sie nur noch »FBOs« genannt wurden), an vorderster Front des vormals national gesteuerten Sozialsystems einzusetzen. »Unsere Verfassung garantiert die Freiheit *im* Glauben, nicht die Freiheit *vom* Glauben«, konnte man den einen wie den anderen eher zu häufig sagen hören – ein von allen vier Kandidaten wiederentdecktes und übernommenes Zitat, das bereits während der Debatte über den Zusatz »unter Gott« zum Fahneneid in den 1950ern aufgekommen war. (»Das widerspricht der Verfassung, also sag es nicht«, hatte mir mein Großvater damals eingeschärft.) »Ich bin der festen Überzeugung, dass in manchen Fällen innere Umkehr nur durch Glauben bewirkt werden kann«, hatte Vizepräsident Gore bereits im Mai 1999 in Atlanta gesagt. Im August 2000 sagte Senator Lieberman in Detroit, dass sich »Amerika auf ein neues spirituelles Erwachen« zubewege; jetzt gelte es nur noch, dass wir, das Volk, »unseren Glauben bekräftigen und unsere persönliche Hingabe wie die des ganzen Landes zu Gott und Gottes Absichten neu bestätigen«.

Es gibt eine Ebene, auf der viele Amerikaner überhören, was in einem Wahlkampf gesagt wird, oder es einfach als bloßes Gerede abtun. Wenn Senator Lieberman erklärt, wir sollten uns »nie dem Irrglauben hingeben, Moral könne auch ohne Religion existieren«, oder Gouverneur Bush sagt, »unser Land ist von Gott auserwählt«, oder Vizepräsident Gore die Frage stellt: »Was würde Jesus tun?«, oder wenn Mr. Cheney auf einer Tribüne in Kansas City mit einer ganzen Reihe von Sportlern erscheint, die allesamt bezeugen, welch entscheidende Rolle Jesus Christus und das Evangelium in ihrem Leben spielen, dann werden die Worte lediglich als taktische Signale verstanden, als »Botschaften« an eine ganz bestimmte Wählergruppe, ein einzelner, flüchtiger Moment im laufenden Wahlkampf, eine Figur in einem Spiel ohne kausalen Zusammenhang mit Politik oder Gesetzgebung, der sich daraus ergeben könnte. Die protestantischen Christen, sagte ein Sprecher der National Association of Evangelicals der *New York Times* in einer Diskussion über Senator Liebermans religiöse Überzeugungen, »sind höchst zufrieden mit allem, was der Senator gesagt hat«. Das durften sie auch sein, das sollten sie ja sein, und doch hatte dieser Senator keine der beiden dringlichsten Anliegen der evangelistischen Gemeinden unterstützt: weder die Genehmigung zum schülergeführten Gebet noch den obligatorischen Aushang der Zehn Gebote. Und trotz allem, was er in Bezug auf Abtreibung seine »wachsende persönliche Befürchtung, dass in diesem Land etwas ganz Unrechtes geschieht« nannte, stimmte er bei der Abtreibungsgesetzgebung, einem weiteren wesentlichen Anliegen der Evangeliker, stets für die Entscheidungsfreiheit der Frau.

Die »persönliche Befürchtung, dass in diesem Land etwas ganz Unrechtes geschieht«, war also ausschließlich rhetorisch oder bloßes Gerede. Und als solches könnte man es ignorieren, als ein Nicken in Richtung der »Lebensschutz«- oder »Werte«-Wähler abtun. Denn gerade diese, obgleich nur eine Minderheit, sind durch die Art, wie beide Parteien den Wahlkampfdiskurs bewusst auf Themen verengt haben, die genau diese Wähler ansprechen, zunehmend ermutigt worden, unsere Wahlen zu entscheiden. Es gibt klare Indizien dafür, dass sich diese Verengung, die vor allem jüngere Wähler auf Distanz gehen lässt, bereits negativ auf das Wählerverhalten ausgewirkt hat. Wie der Präsident der American Civil Liberties Union (ACLU) Foundation of Southern California in der *Los Angeles Times* berichtete, fiel der Wähleranteil in der Altersgruppe zwischen 18 und 21 Jahren bei den Präsidentschaftswahlen 1996 von 38 auf 31 Prozent und bei den zwischen 21- bis 24-jährigen von 45 auf 33 Prozent. An den Kongresswahlen 1998 beteiligten sich in diesen Altersgruppen weniger als 17 Prozent, grob gerechnet halb so viele wie bei den älteren Wählern. Der Frömmigkeits-Contest des Wahlkampfs 2000 war nicht gerade darauf ausgerichtet, die Jugend wieder näher an politische Themen zu führen: In *What's God Got to Do with the American Experiment?*, einer Sammlung von Studien und Essays unter der Schirmherrschaft der Brookings Institution, bemerkte Richard N. Ostling, dass sich ein guter Teil der Generation, die demnächst ins Wahlalter kommt, sich anders als jede frühere Generation »gänzlich von traditionellen christlichen Konzepten [gelöst hat] …, nicht daran glaubt, dass Jesus der alleinige Erlöser der Menschheit ist, die Bibel nicht als Gottes Wort liest und die Idee von moralischen Absolutheiten nicht akzeptiert«.

Auf den Sonntagmorgen im September, an dem Abraham H. Foxman gegenüber Cokie Roberts und Reverend Pat Robertson bemerkte, eine exzessive Betonung des Glaubens im Wahlkampf könnte »von dem Weg abbringen, den uns 200 Jahre Geschichte gewiesen haben« (»Es gibt also eine winzige Minderheit, die sich als atheistisch betrachtet«, sagte Pat Robertson dazu, »und man kann nicht die tief empfundenen religiösen Überzeugungen der gesamten Mehrheit preisgeben, nur um irgendeine winzige Minderheit zufriedenzustellen«), folgten mehrere Tage mit Debatten auf den Redaktionsseiten und in Talkshows, die der Brief ausgelöst hatte, den Mr. Foxman mit denselben Argumenten an Senator Lieberman nach dessen »Neuem spirituellen Erwachen«-Auftritt in Detroit geschickt hatte. In dieser Debatte war die Rolle der Religion im amerikanischen Leben relativ ausführlich diskutiert worden. Es herrschte weitgehend Einigkeit darüber, dass die Errichtungsklausel des Ersten Amendments insofern, als sie die Trennung von anglikanischer oder episkopalischer Kirche und Staat sichergestellt hatte, sinnvoll gewesen war. Man stimmte ebenfalls darin überein, dass das Ziel der Gründerväter nicht »Atheismus« gewesen war, sondern »Glaubensvielfalt«. Es hatte auch Meinungsverschiedenheiten gegeben, hitzig ausgetragen, aber marginal. Manche meinten, der eigene Glaube werde am besten privat ausgeübt, andere dagegen, privat ausgeübter Glaube sei überhaupt kein Glaube; die üblichen Differenzen eben, nicht ganz unähnlich denen, die 1844 zum Aufstand in Philadelphia geführt hatten, bei dem es darum ging, welche Version der Zehn Gebote in öffentlichen Schulen ausgehängt werden sollte, und der sechs Menschen das Leben gekostet hatte.

Und doch beruhten praktisch alle dieser unterschiedlichen Positionen und Posen, die in dieser Debatte eingenommen wurden, auf einer einzigen und weitgehend unangefochtenen Prämisse, dass nämlich Religion, ob öffentlich oder privat, zentral für die amerikanische Erfahrung sei und diese »Erfahrung aus zweihundert Jahren Geschichte«, auf die sich Mr. Foxman bezog, tatsächlich eine Geschichte serieller Erweckungen gewesen war, an deren gerechtem Ende – sobald dem hinderlichen Element, das zunehmend als »die ACLU« bezeichnet wurde, endlich die Augen aufgingen – das stehen würde, was mittlerweile beide Kandidaten die »innere Umkehr« der Bürger dieses Landes nannten. »Meine Freunde aus der Bürgerrechtsszene werden mir wohl noch einmal erklären müssen, welche schrecklichen Folgen das Gebet – oder generell die Religionsausübung – an öffentlichen Orten haben soll«, schrieb William Raspberry in der *Washington Post*, »weil ich die immer wieder vergesse.« »Die Trennung von Kirche und Staat hat nie bedeutet, dass Religion keinen Platz im Leben Amerikas hätte«, schrieb E.J. Dionne jr. in der *Post*. »Vergessen wir nicht, dass dies ein Land ist, dessen Geldscheine immer noch die Worte ›In God We Trust‹ tragen.« Die Tatsache, dass die Worte »In God We Trust« den Dollarnoten während derselben Zeit und aus demselben politischen Grund aufgedrückt worden waren wie die Worte »unter Gott« dem Fahneneid, nämlich als Munition an der Heimatfront im Kalten-Kriegs-Arsenal der Eisenhower-Regierung, war (ebenso wie die Tatsache, dass die Anzahl von Amerikanern, die während der Amerikanischen Revolution Mitglied einer Kirche gewesen waren, nur 17 Prozent der Bevölkerung ausmachte) aus der kollektiven Erinnerung verschwunden. »Ich gebe zu«, schrieb Dionne weiter, »dass mir sehr gefällt, was Joe Lieberman für unsere nationale Debatte über Religion und öffentliches Leben tut.«

Lieberman ist nicht der erste Politiker, der die Bedeutung der Religion für unsere Demokratie betont. Präsident Dwight Eisenhower hat der Nation ja selbst folgende bemerkenswerte Ansicht dargeboten: »Unsere Regierung ist sinnlos, solange sie nicht auf einem tief empfundenen religiösen Glauben fußt – und mir ist einerlei, welcher das ist.« Die aktuelle Diskussion über Religion und Politik wird in der Tat wesentlich seriöser geführt als die zu Eisenhowers »Einerlei«-Zeiten. Und genau das bereitet vielen Menschen Unbehagen.

Dies war eine bedeutungsvolle Verschiebung im politischen Diskurs. Die Tagespolitik, wie man sie bisher verstanden hat, ist ein Schieben und Ziehen, ein Geben und Nehmen, die Kunst des Möglichen, ein im Wesentlichen pragmatischer Vorgang, in dem die unterschiedlichen Bedürfnisse und Rechte der Bürger ausbalanciert und bis zu einem gewissen Grade erfüllt werden. Der Einschub einer Art Glaubensbekenntnis oder eine »hohe Warte der Moral« ist, wie man bis vor Kurzem noch sehr wohl gewusst hat, riskant und höchstens dann gerechtfertigt, wenn die dringende Gefahr besteht, dass die Bedürfnisse und Rechte mancher Bürger übergangen werden könnten, um den Bedürfnissen und Rechten anderer entgegenzukommen, welche diese hohe Warte bereits eingenommen haben. Aber dies war kein solcher Moment in der amerikanischen Geschichte. Das Land befand sich nicht im Krieg. Eine Mehrheit seiner Bürger schien begriffen zu haben, dass die Demonstration »echter Reue«, die seinem Präsidenten jüngst abverlangt worden war, die Zukunft ihrer Familien weit weniger betreffen würde als sein Geschick oder mangelndes Geschick, sie durch die Stromschnellen der Weltwirtschaft zu steuern.

Das »Vermächtnis« jenes Präsidenten wurde im Allgemeinen unter negativen Vorzeichen diskutiert – als der Gral der Erlösung, den er erstrebt und verloren hatte –, obwohl dieses Vermächtnis allen vernünftigen Maßstäben zufolge doch recht ansehnlich war: Das Land, das er entweder Gouverneur Bush oder Vizepräsident Gore übergeben würde, war ein Land, in dem das durchschnittliche Haushaltseinkommen den höchsten Stand aller Zeiten erreicht hatte, die Arbeitslosenzahlen auf den niedrigsten Stand seit dreißig Jahren gefallen waren, die Kriminalitätsrate gesunken war und die digitale Haushaltsdefizit-Uhr in Manhattan – bis ihr Erfinder anerkannte, dass sein Gerät ausgedient hatte, und es abstellte – rückwärts lief. Es war, kurz gesagt, Clintons »Vermächtnis« gewesen, eben die Bedingungen zu schaffen, die alle seriösen Prognostiker dazu gebracht hatten, den Sieg der regierenden Partei zum allerwahrscheinlichsten Ergebnis der Präsidentschaftswahlen im November 2000 zu erklären.

Und dennoch war sie so dünn, die Luft auf der hohen Warte der Moral, dass nichts davon als relevant angesehen wurde, nicht einmal von dem Kandidaten, der davon hätte profitieren können. Was für die letzten Jahrzehnte der Ursprungsmythos der neokonservativen Rechten gewesen war, wurde – auch weil er so gut dem Bedürfnis der politischen Klasse entsprach, ihre eigene Entfremdung von der Wählerschaft zu erklären – zur offiziellen Story, die alle an diesem Prozess Beteiligten verbreiteten: Amerika war laut dieser apokalyptischen Legende von Beginn an bis in die Sechzigerjahre ein tief religiöses Land gewesen. Erst im Laufe der Sechziger waren durch die Bemühungen derjenigen, die Robert H. Bork »die ›intellektuelle‹ Klasse und ihren Vollstrecker, das Gerichtswesen, angeführt vom Obersten Gerichtshof der Vereinigten Staaten« nannte, Land wie Bürger unerklärlicher- und verheerenderweise »säkularisiert« worden und hatten demzufolge »innere Umkehr«, »moralische und intellektuelle Erneuerung«, »neuen Respekt vor moralischer Autorität« nötig. In einem Land, das bereits so weit von evangelistischen Lehren durchdrungen war, dass eine erhebliche Anzahl seiner Bürger mittlerweile glaubte, dass »Gott irgendwann während der letzten zehntausend Jahre den Menschen in seiner jetzigen Form erschaffen hat« (47 Prozent aller Amerikaner erklärten laut einer Gallup-Umfrage im Jahre 1991, sie glaubten an eine solche plötzliche oder »schlagartige« Schöpfung), stritten jene, die schrieben und sprachen, darüber, wie das politische System dieses Landes am besten jene religiösen Werte wiederbeleben könnte, die angeblich (und interessanterweise ebenfalls urplötzlich) während der 1960er-Jahre zerstört worden waren.

Die wahnwitzige Vorstellung, dass eine solche Wiedererweckung im Gange sei und schon bald beweisen werde, wie korrekt die politische Klasse Clinton behandelt hatte, verlieh dem Wahlkampf 2000 seine eigentümliche und für den demokratischen Kandidaten gefährliche Distanz zur Wählerschaft. Präsident Clinton mochte der »Verurteilung entkommen« sein, schrieb Marvin Olasky im Vorwort der jüngsten Ausgabe von *The American Leadership Tradition*, war aber dennoch »von der Jury der öffentlichen Meinung verurteilt«. Die Wählerschaft, schrieb er, akzeptiere nicht länger »eine Moral des ›Anything goes‹«. Daher war die Wahl 2000 eine, in der »das Volk als nächsten Präsidenten anscheinend jemanden sehen wollte, der keine Schande über das Oval Office bringen würde, und dieser Wunsch gab all denen Hoffnung, die an eine Tradition der moralischen Vorbildfunktion anknüpfen wollen«.

Dieselbe Logik, die in den Reaktionen auf Liebermans Kandidatur deutlich wurde, war die des Ursprungsmythos, in dem »das Volk« einer ernsten Warnung bedürfe, um sich von seinem ungehörigen Bündnis mit einem moralisch gestrauchelten Führer loszusagen, und somit vor den letzten Posaunenstößen gerettet werden könne. Diese Fabel war mit jeder neuen Version weiter ausgefeilt worden, aber das eine Element, der moralisch gestrauchelte Führer, blieb als Fixpunkt erhalten, der Stein, über den Bush vielleicht schon früh im Wahlkampf gestolpert wäre, hätte Gore sich nicht auf der Suche nach der Schimäre des »unentschlossenen« Wählers in den reißenden Strudel der Fabel gestürzt. Dass eine ganze Generation von jüngeren Wählern nicht mehr einsehen mochte, was es bringen sollte, sich zwischen zwei Kandidaten zu entscheiden, die immer wieder die gleiche, so weit von ihrer Lebenswirklichkeit entfernte Geschichte erzählten, konnte nur einer Wahlkampfpartei zugutekommen, nämlich den Republikanern, und dass die Demokraten dies nicht erkannt haben, könnte sie durchaus den Vorsprung kosten, der auf dem Vermächtnis beruht, das die Protagonisten dieses Wahlkampfes ja so geflissentlich unterschlagen haben.

(2000)

Clintons Gegenspieler oder hohe Einsätze und heiliger Eifer

1

Niemand, der je eine öffentliche Highschool in Amerika besucht hat, hätte 1992 William Jefferson Clintons Wahlkampf für das Präsidentenamt verfolgen können, ohne darin den sexuellen Appetit der Landjugend wiederzuerkennen. Dieser Mann war, wie Jesse Jackson damals in einem anderen Zusammenhang sagte, »ein wilder Hund«. Niemand, der seine Auftritte in *The Road to the White House* auf C-SPAN verfolgte, hätte das Selbstmitleid übersehen können, die schnellen, geschickten Schuldzuschreibungen, das reflexhafte, an ein Raubtier erinnernde Zusammenkneifen der Augen, wenn etwas nicht nach seinen Vorstellungen lief – eine derart verlässliche Reaktion, dass Jerry Browns damalige Wahlhelfer eigens nach Situationen suchten, in denen sie provoziert werden konnte. Dass der Kandidat auf peinliche Fragen meist nicht gerade zuvorkommend reagierte, war bekannt und im Zusammenhang mit seinem Wehrpflichtstatus im Vietnamkriegsjahr 1969 ausführlich diskutiert worden, und dennoch hielt er sich an der Spitze. Die beharrlichen, wenngleich zunächst nicht veröffentlichten Gerüchte über außereheliche Abenteuer wurden, nachdem Gennifer Flowers ihre Story dem *Star* erzählt hatte, publik gemacht, und dennoch blieb er auf den Beinen. »Ich habe in meiner Ehe Fehler begangen«, hatte er ganz Amerika bei dem denkwürdigen Auftritt mit seiner Frau in *60 Minutes* am Super-Bowl-Sonntag jenes Jahres erklärt, »und dadurch Leid verursacht. Aber ich glaube, die meisten Amerikaner, die heute Abend hier zuschauen, werden wissen, was wir sagen, werden es verstehen und merken, dass wir mehr als offen gewesen sind. Und ich denke, dass die Presse entscheiden muss, ob wir jetzt ›Erwischt!‹ spielen wollen.«

Nichts von dem, was heute über den 42. Präsidenten der Vereinigten Staaten bekannt ist, war also nicht auch schon vor den Vorwahlen in New Hampshire 1992 bekannt. Die implizite Botschaft seiner Aussage vor dem Büro des Sonderermittlers 1998 war in der Sache nicht anders als die explizite im Januar 1992: *Ich glaube, die meisten Amerikaner, die [...] hier zuschauen, werden wissen, was wir sagen, werden es verstehen und merken, dass wir mehr als offen gewesen sind.* Im Wahljahr 1992 stand der Kandidat schon so vor uns, wie wir ihn heute sehen: präziser und deutlicher als im geradezu romanhaft anmutenden *Referral to the United States House of Representatives* des Sonderermittlers, aber erkennbar zu ähnlichen Risiken hingezogen, unersättlich, tief zerrissen und trotzdem noch da, eine Kraft, mit der man rechnen musste, genährt von dem Manna derer, die sich selbst bekämpft und dennoch überlebt haben. Die bereits 1992 sichtbaren Schwächen blieben nicht unerwähnt, boten aber auch nicht, besonders nicht in den Landesteilen, die jüngst zum »Herzland« verklärt und somit politisch neutralisiert worden waren, Anlass zu rhetorischer Empörung. »Bei 16 Millionen arbeitslosen Amerikanern, 40 Millionen nicht krankenversicherten Amerikanern und 3 Millionen obdachlosen Amerikanern können wir über die angeblichen früheren Seitensprünge des Präsidentschaftskandidaten Bill Clinton nur eines sagen«, erklärte der *Peoria Journal-Star* in seinem Editorial bezüglich dessen Auftritt in *60 Minutes*. »Na und?«

Da gab es jene, für die das deutlich erkennbare Element des Flüchtigen, Impulsiven auf eine ähnliche Sprunghaftigkeit in ideologischen oder politischen Fragen schließen ließ, doch selbst die Meinungsführer an Ost- und Westküste schienen ihm beim Thema Sex einen Freibrief ausstellen zu wollen: »In welchem Ausmaß ist, wenn überhaupt, privates Handeln relevant für die Pflichten eines öffentlichen Amtes?«, fragte die *Los Angeles Times* Anfang 1992 in ihrem Editorial: »Sollte sich unser Recht, über das Sexualleben eines Präsidentschaftskandidaten informiert zu werden, nicht ... auf strafbare Handlungen, wie Vergewaltigung, sexuelle Belästigung oder Diskriminierung, beschränken?« Dem Bericht der *New York Times* über das Interview in *60 Minutes*, der auf Seite 14 A unter der Überschrift »Clinton verteidigt Privatsphäre und beklagt Übergriffe der Presse« veröffentlicht wurde, folgte am nächsten Tag ein Leitartikel (»eine Schmierenkomödie, eine Schmutzkampagne und ein Präsidentschaftskandidat«), in dem nicht nur gewürdigt wurde, dass Clinton eine Grenze »zwischen purer Neugier und verantwortungsbewusster Aufmerksamkeit« gezogen habe, sondern sich auch der Satz fand, dass »er keine Details bloßlegt und dies auch nicht tun muss, sofern sich nicht erweisen sollte, dass sein privates Verhalten sein politisches Leistungsvermögen oder seine Eignung für das Amt beeinträchtigt«. Am selben Tag, dem 28. Januar 1992, schrieb A.M. Rosenthal in der *Times*, Gouverneur Clinton und seine Frau hätten »der amerikanischen Öffentlichkeit ein Geschenk und ein nachhaltiges Angebot gemacht«:

»Das Geschenk besteht darin, dass sie uns als Erwachsene behandelt haben. Das Angebot darin, dass wir uns entsprechend verhalten können … Wir dürfen zumindest die Hoffnung wahren, dass die Amerikaner genug vom inquisitorischen Ausforschen der sexuellen Vergangenheit ihrer Politiker haben und die Folterknechte zum Teufel jagen. Das wäre die angemessene Reaktion auf Mr. und Mrs. Clintons Geschenk – nämlich ihr Vertrauen darauf, dass die Amerikaner endlich doch erwachsen geworden sind.«

Nur wenige Kommentatoren der Massenblätter haben 1992 vom Kandidaten »Bußfertigkeit« gefordert. Nur wenige haben 1992 »echte Reue« gefordert – ein fragwürdiges Konzept selbst im Gerichtssaal, wo »Reue« ja routinemäßig beschworen wird, wenn die Festsetzung des Strafmaßes ansteht. Nur wenige haben 1992 Amerikas Bürger für so unmündig erklärt, dass sie einen über jeden persönlichen Tadel erhabenen Präsidenten nötig hätten. Dass dies damals nur so wenige taten und seitdem so viele getan haben, wurde von einigen so gedeutet, dass sich Interessen und Prioritäten der Presse geändert hätten. Tatsächlich sind Interessen und Prioritäten der Presse dieselben geblieben: Damals wie heute konnte man sich darauf verlassen, dass die Presse ein Gerücht oder einen Hinweis nach allen Regeln der Zunft verfolgen würde (auf den Baum jagen, einsammeln, den Wald dafür entlauben, das Dorf dafür niederbrennen), aber nur insoweit, wie dieses Gerücht oder jener Hinweis versprach, das gemeinsame Thema, die Story des Tages weiterzudrehen, die zum gegebenen Zeitpunkt den vollen Einsatz der Reporter verlangte, die über sie berichteten, und der Kolumnisten, die sie kommentierten, und der jeweils verfügbaren Experten, die sie in den Talkshows analysierten. (Das *Yearbook of Experts, Authorities & Spokepersons* von 1998 bietet interessanterweise TV-Produzenten mit lückenhaftem Rolodex 1477 Telefonnummern, unter denen man solche Gäste erreichen kann, »die im kommenden Jahr das Nachrichtenkarussell antreiben werden«.) In seinem Buch *Spin Cycle*, in dem sich Howard Kurtz von der *Washington Post* darüber auslässt, wie geschickt die »Clinton'sche Propagandamaschine« (die bei Joe Klein trotz allem, was doch als recht eindrucksvoller Beweis für das Gegenteil gelten könnte, »der raffinierteste Kommunikationsapparat in der Geschichte der amerikanischen Politik« genannt wird) das Programm für die Presse festlegt, bietet er auch eine unbefangene Beschreibung davon, wie eben diese Presse selbst ihr Programm festlegt:

»Ein Exklusivbericht auf der ersten Seite setzte den Rest des Pressekorps in Bewegung, dominierte die Redaktionskonferenzen und landete mit großer Wahrscheinlichkeit in den Nachrichtensendungen. Die Nachrichtenmagazine waren zwar nicht mehr ganz so einflussreich wie in den vergangenen Jahren, aber sie konnten immer noch auf die Debatte einwirken oder die vorherrschende Stimmung mit einer Titelgeschichte oder einem Hintergrundbericht verstärken. Zwei entscheidende Gruppen unterstützten die Stammgäste im Weißen Haus ... Eine war die der Kolumnisten und Meinungshändler – Jonathan Alter von der *Newsweek*, Joe Klein vom *New Yorker*, William Saftre und Maureen Dowd von der *New York Times*, E.J. Dionne und Richard Cohen von der *Washington Post* –, die den Zeitgeist schnell beeinflussen konnten ... Die andere bestand aus dem unermüdlichen Trupp der investigativen Journalisten – Jeff Gerth von der *Times*, Bob Woodward von der *Post*, Glenn Simpson vom *Wall Street Journal*, Alan Miller von der *Los Angeles Times*.«

Sobald sich diese recht kleine Gruppe auf den Zeitgeist geeinigt hat, wird jedes unpassende Ereignis, wie bedeutsam es aktuell auch sein mag, entweder auf eine Nichtnachricht oder, wenn es einigermaßen brisant ist, auf eine Kurznachricht reduziert. Ein Beispiel für die Herabstufung zur Nichtnachricht: In einer Besprechung für die *Los Angeles Times* bemerkte Robert Scheer, dass das Personenverzeichnis von *Spin Cycle* achtzehn Verweise auf Paula Jones und sechzehn auf John Huang enthält, aber keinen einzigen auf Saddam Hussein. Ein Beispiel für die Herabstufung zur Kurznachricht: Am 16. August 1998, gleich nach den Meldungen über den Bombenanschlag im nordirischen Omagh (»der schlimmste Angriff in beinahe dreißig Jahren gewaltsamer Auseinandersetzungen ... nach letzten uns vorliegenden Angaben 28 Tote ... 220 Verletzte ... 103 Personen noch in Krankenhäusern«) und den Bombenanschlägen auf amerikanische Botschaften in Ostafrika sagte Wolf Blitzer in einer zweistündigen, ansonsten ausschließlich den »juristischen Verästelungen, politischen Erwägungen und historischen Konsequenzen« der Lewinsky-Affäre gewidmeten Sendung *Late Edition with Wolf Blitzer*: »Danke, Catherine Bond, für diesen Livebeitrag direkt aus Nairobi. Und jetzt zu der Story, die ganz Washington in Atem hält ...«

Die Story, die ganz Washington in Atem hielt, war 1992, wie in jedem Wahljahr, der Wahlkampf, und da die Hüter des Zeitgeistes auf das Einsatzzeichen der politischen Profis hin Gouverneur Clinton schon frühzeitig als den wählbarsten aller Kandidaten aus der Demokratischen Partei bestätigt hatten, konnten seine persönlichen Schwächen nur als Schritte auf dem steinigen Weg nach oben dienen, als Tests für seine Durchsetzungsfähigkeit. Noch ehe die Kampagne für die Vorwahlen in New Hampshire angelaufen war, hieß es, Gouverneur Clinton sei der demokratische Kandidat, der »die Mitte besetzen« könne, der demokratische Kandidat, der »eine Bewertung der amerikanischen Wirtschaftslage [bietet], für die er ebenso viel Anleihen bei Republikanern wie Jack Kamp macht wie bei der Linken«, der demokratische Kandidat, der nach Kalifornien gehen und die Unterstützung von »Top-Spendenbeschaffern der Republikaner« gewinnen könne, kurz gesagt, der Kandidat, der »bei Parteifunktionären und -strategen glänzend ankam«. Bei einer Umfrage unter Mitgliedern des Democratic National Committee wurde Clinton in Führung gesehen. Ronald H. Brown, der damalige Vorsitzende der Demokratischen Partei, soll – noch bevor der erste Wahlschein in New Hampshire ausgefüllt worden war – seinen Kronprinzen Mario Cuomo gedrängt haben, sich von der New Yorker Kandidatenliste streichen zu lassen, damit kein interner Konkurrenzkampf den Favoriten behindere.

Am Morgen des 26. Januar 1996, an dem der Kandidat bei *60 Minutes* auftrat, nachdem er soeben sein Bekenntnis zur Mitte dadurch bekräftigt hatte, dass er der Hinrichtung des hirngeschädigten Rickey Ray Rector in Arkansas zustimmte, verlieh William Schneider in der *Los Angeles Times* Gouverneur Clinton – für die Schwungkraft seiner Kampagne – das begehrte Prädikat »Big Mo« mit der Bemerkung, dass »die Granden der Demokratischen Partei sich geschlossen hinter Clinton stellen«. Für eine Partei, die einen bedeutenden Anteil ihrer Parteitagsstimmen (1996 waren es 18 Prozent) an »Superdelegierte« vergibt – die etwa 700 Repräsentanten und Funktionäre, die nicht an die Entscheidung der Vorwahl gebunden sind –, war die Botschaft, die von dieser frühen Verständigung unter den politischen Profis ausging, so klar wie 1988, als sie sich auf Michael Dukakis festgelegt hatten: Der Zug fuhr jetzt ab, und da die »Story« des Wahlkampfs verlangt, dass die gewählten Kandidaten als Wettstreiter angesehen werden, die bis zum Ziel dabei sind, würde alles lästige Gepäck, inklusive der »Charakterfrage«, auf dem Bahnsteig zurückbleiben. Mit auf die Reise gehen würde dafür das, was Joe Klein, in einer Art Nachhall der romantischen Naivität, mit der er 1992 über den Kandidaten Bill Clinton berichtet hatte (bevor der Zeitgeist weiterzog), 1998 im *New Yorker* als den »jugendlichen Pep« des *War Room* heraufbeschwor, »die nächtelangen Diskussionen ... über Politik oder Philosophie«, den Kandidaten, der »es liebte, über ernste Angelegenheiten zu reden« und »über jedes Sozialprogramm in Amerika Bescheid zu wissen scheint«.

2

Am 16. Januar 1998 erhielt Kenneth Starr die Genehmigung, mittels einer gerichtlichen Verfügung, die den obskuren Titel »In Sachen Madison Guaranty Savings & Loan Association« trug, seine sich dahinschleppenden Whitewater-Ermittlungen auf die Angelegenheit Monica Lewinsky auszudehnen. Ebenfalls am 16. Januar 1998 wurde Monica Lewinsky elf Stunden und fünfundzwanzig Minuten lang in Raum 1016 des Hotels Ritz-Carlton in Pentagon City, Virginia, vernommen, wo – laut Aufzeichnungen des Sonderermittlers – der FBI-Agent, der Miss Lewinsky »ihre Rechte gemäß Formular FD-395, Vernehmung, Rechtsbelehrung« verlesen sollte, aus Gründen, die aus den Aufzeichnungen nicht ersichtlich werden, »nicht in der Lage« war, die Belehrung zu Ende zu führen. Miss Lewinsky selbst sagte aus:

»Dann kam Jackie Bennett [vom Büro des Sonderermittlers] herein, und da war ein Haufen anderer Leute, und der Raum war voll, und er sagte zu mir, wissen Sie, Sie müssen eine Entscheidung treffen. Ich hatte meine Mom anrufen wollen, die ließen mich nicht meinen Anwalt anrufen, und da wollte ich halt ... halt meine Mom anrufen, und sie ... Dann sagte Jackie Bennett: ›Sie sind vierundzwanzig, Sie sind nicht auf den Kopf gefallen, Sie sind alt genug, Sie brauchen nicht Ihre Mommy anzurufen.‹«

Am 17. Januar machte Präsident Clinton seine eidesstattliche Aussage in dem Zivilprozess, den Paula Corbin Jones gegen ihn angestrengt hatte, und ließ dabei die Meineidsfalle zuschnappen oder auch nicht zuschnappen, die Kenneth Starr ihm gestellt oder auch nicht gestellt hatte. Als am Morgen des 21. Januar Susan Schmidt in der *Washington Post* und die ABC-Nachrichtenkorrespondentin Jackie Judd in *Good Morning America* die Einsätze erhöhten, indem sie »Quellen« zitierten, denen zufolge Telefonate von Monica Lewinsky aufgezeichnet worden waren, aus denen hervorging, dass der Präsident und Vernon Jordan sie angehalten hatten zu lügen, war die »Charakterfrage« zu einem so heißen Eisen geworden, dass Sam Donaldson, George Stephanopoulos und Jonathan Alter bereits öffentlich über ein »Impeachment-Verfahren« nachdachten.

In den meisten Diskussionen darüber, wie und warum dieses Thema derart hatte eskalieren können, wurde natürlich die Presse kritisiert, und die beeilte sich dann ihrerseits, sich für die exzessive und in manchen Fällen unwahre Berichterstattung zu kritisieren (oder in der Formulierung, die viele bevorzugten, da sie nahelegte, dass jeder Einwand auf Haarspalterei beruhe, sich zu »geißeln«). Vielleicht weil nicht alle Experten, Gewährsleute und Sprecher, die diese Nachricht anheizten, hinreichend Erfahrungen mit der Art von Lokalredaktionen gehabt hatten, in denen es für selbstverständlich gehalten wird, dass das Büro des Bezirksstaatsanwalts etwas durchsickern lässt, wenn ein Fall zu platzen droht, waren bestimmte Andeutungen aus den laufenden Ermittlungen als Tatsachen in die Story eingegangen. »Allzu viele, allzu vage Quellen«, schrieb Jules Witcover im *Columbia Jounalism Review* vom März/April 1998, obwohl er, da er die extremsten Beispiele dafür »Amateur- und Möchtegernjournalisten« zuschrieb, immer noch eine »Hoffnung« äußern konnte, die auf dem beruhte, was er zwei Monate nach Aufkommen der Story als »allmähliches Abflauen des wahnwitzigen Wirbels in der ersten Woche« betrachtete. Die Hoffnung nämlich, dass die Ausrutscher von »angesehenen, bewährten, professionellen Kollegen« nicht mehr gewesen seien als »ein bloßer Niveauabfall im Tumult um eine Story von größter Bedeutung, die sich unter hohem Zeit- und Konkurrenzdruck entwickelt hat«.

Für dieselbe Ausgabe der Zeitschrift mit dem Titelthema »Unsere Fehler und die Konsequenzen daraus« wurden auch einige andere Reporter, Redakteure und Nachrichtenchefs befragt, die ähnliche Hoffnungen äußerten. Es kam zur Sprache, dass manche Zuschauer möglicherweise nicht zwischen Unterhaltungs- und Nachrichtensendungen unterscheiden könnten. Es kam zur Sprache, dass durchgesickerte Informationen je nach Quelle differenzierter bewertet werden müssten. Auch die »neuen Technologien«, der »Hyperwettbewerb« und die »heutige Geschwindigkeit von Nachrichtenzyklen« kamen zur Sprache. Es wurde darauf verwiesen, dass die traditionelle Form der Nachrichten durch das Internet und die vielen neuen Kabelkanäle aus ihrem festen Zeitrahmen gerissen und in eine vierundzwanzigstündige Flut aus Rohmaterial gespült worden sei. »Was die Wege betrifft, auf denen Informationen durchs Land strömen, befinden wir uns in einer neuen Welt«, sagte James O'Shea, stellvertretender Nachrichtenchef der *Chicago Tribune*. (Die Lewinsky-Story war ja nicht in den traditionellen Medien bekannt geworden, sondern im Internet, in einem Posting des *Drudge Report* am 18. Januar 1998 um 1:11 Uhr.) »Die Zeiten, als man noch entscheiden konnte, eine Story nicht zu drucken, weil sie nicht gut genug recherchiert ist, sind längst vorbei. Wenn eine Story so an die Öffentlichkeit gelangt wie die vom *Drudge Report*, dann muss man sie definieren, dann muss man seinen Lesern sagen: ›Das und das ist draußen, wie Sie wahrscheinlich schon aus dem Fernsehen oder aus dem Internet erfahren haben. Wir haben es bislang allerdings nicht recherchieren können.‹ Und ihnen dann genügend Informationen liefern, sodass sie sich selbst ein Bild davon machen können.«

Dass die eigentliche »Story« in diesem Fall etwas anderes sein könnte als (in Witcovers Worten) »eine Story von größter Bedeutung, die sich unter hohem Zeit- und Konkurrenzdruck entwickelt hat«, wurde von einem einzigen Diskussionsteilnehmer, Andrew Lewis von der *New York Times*, infrage gestellt, der »den Umgang der Presse mit dem Thema ›Sex und öffentliche Amtsträger‹« als »obsessiv« bezeichnete, dann aber einräumte, dass man, »als Linda Tripp zum Sonderermittler ging, eigentlich kaum sagen [konnte], wir sollten nicht darüber berichten«. Insgesamt schien die

Einstellung vorzuherrschen, dass es hier einen Exzess und dort einen Irrtum gegeben haben mochte, die Story aber schon deswegen bedeutsam sei, weil sie von jedem daran Beteiligten vollen Einsatz verlangte – nicht viel anders als bei einem Wahlkampf, dem diese Story tatsächlich insofern ähnelte, als sie eine besonders anschauliche Version der personifizierten »Rennbahn«-Reportage bot, die zum Modell für den größten Teil der politischen Berichterstattung in Amerika geworden war. »Dies ist eine sehr wirkungsmächtige Geschichte von einem hartnäckigen Sonderermittler und einem Präsidenten, dessen Handlungen berechtigte Fragen aufgeworfen haben«, sagte Walter Isaacson vom *Time*-Magazine. »Ein Fall, in dem auch Sex eine Rolle spielt, kann durchaus eine Story bedeuten, aber wir dürfen uns keinen journalistischen Niveauabfall leisten, nur weil die sexuelle Komponente zu allgemeiner Übererregung führt.«

Es war also eine Story, »in der auch Sex eine Rolle spielte«, eine Story mit einer »sexuellen Komponente«, doch, wie wir so häufig hörten, ging es darin nicht um Sex, genau wie es bei Whitewater laut einem der Editorials, die das *Wall Street Journal* im Laufe der Jahre zu diesem Thema veröffentlichte, »nicht nur um ein Immobiliengeschäft« gegangen war. In beiden Storys (obwohl sich die eine mangels einer sexuellen Komponente und mangels Beweisen gegen den Präsidenten erwiesenermaßen schlechter verkauft hatte) ging es natürlich darum, welcher der beiden Protagonisten, der »hartnäckige Sonderermittler« oder sein hochkarätiger Gegenspieler, bis ins Ziel kommen, das Rennen gewinnen würde. »Die nächsten achtundvierzig bis zweiundsiebzig Stunden sind entscheidend«, sagte Tim Russen am 21. Januar 1998 auf MSNBC, einem Kabelsender, der mit täglich neuer Austarierung solcher Stichkampf-Szenarien seine Zuschauerzahlen von 49 000 im Vorjahr auf 197 000 im folgenden August hochtreiben sollte. »Ich glaube, die Tage seiner Präsidentschaft sind gezählt«, sagte Sam Donaldson am Sonntag derselben Woche.

»In der prestigeträchtigen, aber oft sensationsarmen Berichterstattung über das Weiße Haus gibt es keine aufregendere Story als den Sturz eines Präsidenten«, bemerkte Jacob Weisberg im März in *Slate*. Der Präsident war, wie mittlerweile alle fanden, »politisch erledigt«. Der Präsident »musste gehen« oder »hatte zu gehen«. Warum der Präsident gehen musste, schien in jenen Tagen Ende Januar, Anfang Februar leicht zu erklären, war es doch in den vom Büro des Sonderermittlers illegalerweise gestreuten Aussichten auf ein Strafverfahren begründet: Behinderung der Justiz, Anstiftung zum Meineid. Als dann aber gewisse Fragen die Story zu bremsen drohten (Wäre es nicht ungewöhnlich, jemanden wegen Meineids in einem Zivilprozess zu belangen? Lieferte die Chronologie der Ereignisse tatsächlich Indizien für oder nicht vielmehr gegen einen Fall von Behinderung der Justiz? Wenn jemand bei einer eidesstattlichen Aussage in einer Sache log, die später für nicht verfahrensrelevant erklärt wurde und daher im anstehenden Verfahren nicht verwertet werden konnte, wie dies bei Lewinsky in *Jones gegen Clinton* der Fall gewesen war, handelte es sich dann tatsächlich um Meineid?), wurden die Gründe, warum der Präsident »gehen musste«, weniger leicht zu erklären, dafür eher subjektiv, eher eine Sache der »Stimmung hier in der Hauptstadt« und damit von vornherein abgeschottet gegenüber Argumenten derer, die nicht dort in der Hauptstadt waren.

Die Story hat sich definitiv gedreht, wie es auf MSNBC immer wieder hieß. Als die Richterin Susan Webber Wright am 1. April 1998 die Einleitung eines Strafverfahrens aus formalrechtlichen Gründen indirekt ausschloss, indem sie die Klage *Jones gegen Clinton* abwies, war die Story bereits an ihren lästigen juristischen Grenzen vorbeigezogen: Zehn Wochen, nachdem Amerika den Namen Monica Lewinsky zum ersten Mal gehört hatte und während noch niemand behauptete, der Präsident käme seinen Pflichten nicht nach, lauteten nun die Gründe dafür, warum der Präsident »gehen musste«, dass er »geschwächt« sei, dass er das alles »kaum durchhalten« könne. Selbst Leon Panetta, der ehemalige Stabschef des Präsidenten, hatte sich besorgt darüber geäußert, »was dieser langsame, stetige Erosionsprozess seinem Vermögen abverlangt, das Land zu führen«. Als Mitarbeiter des Kongressstabes Ende März 1998 befragt wurden, wie sich die Situation ihrer Meinung nach entwickeln würde, sahen bei den Demokraten 21 Prozent (und bei den Republikanern sogar 43 Prozent) ein Impeachment-Verfahren voraus – falls der Präsident nicht vorher zurückträte.

Die Story würde, kurz gesagt, ein richtiger Dauerbrenner werden. Als der Präsident am 17. August 1998 die wesentlichen Fakten der Aussage bestätigte, die Monica Lewinsky elf Tage zuvor vor der Grand Jury gemacht hatte, war praktisch jeder »Nachrichtenanalyst« an der Ostküste auf Sendung, um über »die Glaubwürdigkeit des Präsidenten« zu sprechen, über die Frage, »ob er führen« oder »noch einigermaßen effektiv regieren« könne, Fragen, die in jener Woche höchst stichhaltig von Garry Wills im *Time*-Magazine und zu einem anderen Aspekt von Thomas L. Friedman in der *New York Times* gestellt wurden. Im Glauben sowohl an Präsident Clintons fundamentales Ehrgefühl als auch an die erlösende Kraft eines »würdevollen Rücktritts« für den Fall einer Zermürbungstaktik durch seine Gegner hatte Wills versucht, die heilsamen Erfahrungen aus diesem Dilemma zu erkunden, die Chancen auf spirituelles Wachstum, die sich dem Land wie dem Präsidenten durch seinen Rücktritt eröffnen könnten. Die Diskrepanz zwischen dieser Argumentation und der von Friedman war aufschlussreich. Friedman hatte seine Frage, »ob er führen kann«, offenbar vor allem als Strategie angeboten, als ein Argument, mit dem die politischen Profis, die zunehmend verwirrt auf die unverhohlene Unlust der Öffentlichkeit reagierten, sich dem Kolumnen und Talkshows beherrschenden Ruf nach Verurteilung anzuschließen, die »große Mehrheit« umerziehen könnten, die »immer noch meint, Mr. Clinton solle im Amt verbleiben«.

Mit anderen Worten: Wir waren an einem deprimierend vertrauten Punkt angelangt und würden dort ausharren müssen, selbst als uns die Telefonaufzeichnungen und E-Pass-Control über das Kommen und Gehen im Weißen Haus und Seiten um Seiten von Zeugenaussagen vor der Grand Jury zu umfluten begannen: der sogenannte Zusammenbruch der Kommunikation, über das, was die politischen Profis – jene, die ein öffentliches Amt bekleideten, jene, die für sie arbeiteten und jene, die über sie schrieben – für selbstverständlich hielten, und dem, was eine Mehrheit der Amerikaner für selbstverständlich hielt. John Kennedy wie Warren Harding waren im Oval Office (neuerdings eher bekannt als »Arbeitsplatz« oder »unter einem Dach mit seiner schlafenden Tochter«) fremdgegangen, doch diese Affären waren beileibe nicht ausschlaggebend dafür, was die Amerikaner vom einen wie vom anderen hielten. »Selbst aus einigem Abstand sieht es immer noch nicht wie eine Verfassungskrise aus«, sagte der ehemalige Bundesstaatsanwalt E. Laurence Barcella dazu der *Los Angeles Times*. »In diesem Fall geht es immer noch darum, ob der Präsident eine sexuelle Beziehung mit einer Frau hatte, die halb so alt ist wie er. Das amerikanische Volk hat begriffen – mit Sicherheit besser als Politiker, Anwälte und die Presse –, dass Fälle, in denen es letztlich nur um Sex geht, Privatsache sind. Es gibt akzeptable Lügen und unakzeptable Lügen, und über sein Sexualleben zu lügen gehört zu den tolerablen Lügen.«

Am 27. August, also zehn Tage nach dem öffentlichen Geständnis des Präsidenten oder zehn Tage, nachdem die Endlosbandschleife eingesetzt hatte, in der die Unzulänglichkeiten dieses Geständnisses ausgeführt wurden, zeigten Mr. Clintons eigene Umfragewerte laut *Washington Post* so ziemlich das, was die Umfragewerte aller anderen zeigten und weiterhin zeigen würden, ungeachtet der Veröffentlichung von Kenneth Starrs »anschaulich gehaltenem« Bericht samt seiner Anklageempfehlung, der Videoaufzeichnung von Mr.

Clintons Aussage und von 3183 Seiten an »Begleitdokumenten«: Eine Mehrheit im Lande hatte den Gerüchten und Berichten über ein Verhältnis zwischen dem Präsidenten und Monica Lewinsky von Anfang an geglaubt (»Wer einmal betrügt, der betrügt auch zweimal – wahrscheinlich gibt's eine ganze Reihe von denen«, sagte eine 34-jährige Frau dem demokratischen Meinungsforscher Peter Hart bei einer Fokussitzung, an der auch Gäste von der *Los Angeles Times* teilnahmen). Man betrachtete dies weiterhin eher als private denn als politische Angelegenheit. Man sah in Kenneth Starr die Art von bigottem, lüsternem Aufsichtsschüler, um den man in der Jugend also lieber einen Bogen gemacht hatte (wie in dem Abzählreim *Rat-tat-tat-tat-tat, rat-tat-tat-tat-tat / da gehen die Jungs aus dem Internat! / Sie rauchen nicht und sie trinken nicht / Und sehn einer, die's tut, nicht mal ins Gesicht)*. Und auch wenn man Lügen unter Eid für ein schwerwiegendes Delikt hielt, wollte man doch nicht, dass der Präsident des Amtes enthoben würde.

Den Vorwurf, dass er versuche, ein peinliches, aber keineswegs illegales Techtelmechtel zu verheimlichen, fanden die meisten Amerikaner offenbar nicht schwerwiegend. Ob er nun Vernon Jordan aufgefordert hatte, Ron Perelman anzurufen, oder nicht und ob Vernon Jordan dies tatsächlich getan hatte, bevor Monica Lewinsky ihre Vorladung zugestellt worden war oder danach, interessierte diese Bürger offenbar nicht sonderlich. Außerhalb der Hauptstadt war offenbar erkannt worden, dass die ganze »Krise«, wenngleich sie durchaus einen gewissen Unterhaltungswert hatte, zum üblichen politischen Tagesgeschäft gehörte, zumal sie sich aus einem vier Jahre alten Fall – *Jones gegen Clinton* – entwickelt hatte, der wahrscheinlich nie vor Gericht gekommen und sicherlich nie von dritter Seite finanziert worden wäre, wenn Mr. Clinton nicht zum Präsidenten gewählt worden wäre. Für Thomas L. Friedman bestand also der Königsweg zu wünschenswerteren Umfrageergebnissen darin, die Frage neu zu stellen und so das Thema an den Untiefen von »›sollte‹ er Präsident sein« vorbeizusteuern, dem Kernpunkt der Umfragen. »Was die Öffentlichkeit am meisten beeinflussen könnte«, schrieb Friedman, »ist die Frage, ob Mr. Clinton noch einigermaßen effektiv regieren ›kann‹.«

Da dieses Argument in einer Öffentlichkeit, die ungehalten auf das reagierte, was sie mittlerweile als Eigennutz der politischen Klasse ansah, gewisse andere Fragen aufwarf (Wenn der Präsident nicht regieren konnte, wer hinderte ihn denn daran? War es überhaupt wahrscheinlich, dass man ihn als Versager hätte weiterregieren lassen? Was bedeutete eigentlich »führen«, und wollten wir das?), griffen die meisten politischen Profis auf eine weniger anfechtbare Version der Story zurück: eine Version, die so simpel, so emotional war, dass sie keinen Einwand erlaubte, kein Widerwort vom »amerikanischen Volk«, das zunehmend als eine Horde aufsässiger Kinder angesehen wurde, die nichts von starker Führung wissen wollen. Die Story, erzählte uns William J. Bennett in *Meet the Press*, handle von der »moralischen und intellektuellen Entwaffnung«, die einem Land widerfährt, wenn sein Präsident kein »anständiges Vorbild« ist, das »unsere Kinder den

Unterschied zwischen Recht und Unrecht lehrt«. Die Story, erzählte uns Cokie Roberts in den *New York Daily News*, handle davon, die Lektion aufzufrischen, »dass Menschen, die lügen und unmoralisch handeln, bestraft werden«. Die Story, erzählte uns William Kristol in *This Week*, handle von der »Renitenz« des Präsidenten, seiner »Ungebührlichkeit«, seiner »Weigerung, gewisse Maßstäbe der öffentlichen Moral anzuerkennen«.

Gewisse Mythen wurden so oft wiederholt, dass es schon Kürzel für sie gab. Obwohl die meisten Amerikaner instinktiv begriffen – wie das *Referral* dann auch zeigen würde –, dass Monica Lewinsky an den möglichen Vorfällen vielleicht nicht nur passiv beteiligt gewesen war, wurden wir über die situative Unantastbarkeit von Praktikantinnen – Praktikanten natürlich eingeschlossen – belehrt (Praktikantinnen wurden »unserer Fürsorge anvertraut«, Praktikantinnen wurden »uns von ihren Eltern anbefohlen«), bis schließlich Cokie Roberts' barsche Zurechtweisung einer nicht ganz so aufgebrachten Kongressabgeordneten (»Aber mit einer *Praktikantin*?«) für sich stehen konnte – ein Urteil, das weder Richter noch Jury benötigte. Wir wurden immer wieder darüber belehrt, dass »unsere Kinder« oder »unsere Kids« offenbar Wesen waren, die begeistert *Nightly News* guckten und in deren Gegenwart Sex nie erwähnt wurde, dafür aber regelmäßige Diskussionen über das Präsidentenamt stattfanden. »Ich würde meinen Kindern gern sagen können: ›Ihr sollt die Wahrheit sagen‹«, erklärte uns Stuart Taylor vom *National Journal* in *Meet the Press*. »Ich würde ihnen gern sagen können: ›Ihr sollt den Präsidenten achten.‹ Und ich würde ihnen gern beides gleichzeitig sagen können.« Jonathan Alter sprach in der *Newsweek* vom Präsidenten als jemandem, »der es uns praktisch unmöglich gemacht hat, mit unseren Kindern über die amerikanische Präsidentschaft zu sprechen oder sie die Nachrichten ansehen zu lassen«.

»Ich gehe das als Mutter an«, sagte Cokie Roberts in *This Week*. »Wir haben das Recht, diesem Präsidenten zu sagen: ›Was Sie getan haben, ist unseren Kindern ein schändliches Beispiel‹«, sagte William J. Bennett in *Meet the Press*. Dass die Bevölkerung offenbar unfähig war, dieses Ministranten-Argument zu begreifen (vielleicht, weil sich nicht alle Amerikaner den Luxus leisten konnten, ihre eigenen Kinder zu idealisieren), bot zusätzlichen Anlass für Empörung und Hohn: Die Bevölkerung war zu »selbstzufrieden« oder zu »bequem« oder zu sehr »auf den Dow Jones fixiert«. Und so wurde die Bevölkerung selbst zum Mitverschwörer, der auf die Anklagebank gehörte: »Wir müssten uns empören, wir müssten uns alle für ihn schämen«, klagte Mona Charen in der *Late Edition with Wolf Blitzer*. »Es ist eine Schande für das ganze Land, dass er sich so verhalten hat, aber jetzt scheint sich die gesamte Nation zu seinem Komplizen zu machen, denn der Sturm der Entrüstung ist ausgeblieben.«

Dies war die Einbahnstraße (und, wie sich herausstellte, die Sackgasse), an deren Ende nicht mehr als ein frommer Wunsch stand: »Das amerikanische Volk«, hörten wir immer wieder, werde sich schon besinnen, sobald es durch den Bericht des Sonderermittlers gezwungen sei, seine Aufmerksamkeit vom Dow Jones abzuwenden und sich dem zu stellen, was Thomas L.

Friedman in der *Times* »die schmutzigen Details« nannte, »die bei Ken Starrs Untersuchung herauskommen werden«. »Die Leute sind nicht so abgeklärt, wie es scheint«, hatte William Kristol hoffnungsfroh am Tag vor der Fernsehansprache des Präsidenten gesagt. »Wir in der Hauptstadt wissen alle, was in dem Bericht steht«, sagte die republikanische Parteistrategin Mary Matalin. »Und ich glaube nicht ..., dass das Land noch mehr über Taschentücher, Kleider, Zigarren, Krawatten und dergleichen hören will.« George Will versicherte in *This Week* seinen Mitdiskutanten, dass der Präsident angesichts des *Referral* seine Rückendeckung verlieren werde. »Denn Ken Starr muss – der Präsident hat ihn ja zum Handeln gezwungen – präzise und anschaulich die sexuellen Aktivitäten beschreiben, die seinen Meineid beweisen. Sobald der Bericht geschrieben und veröffentlicht ist, wird der Kongress im Kielwasser der öffentlichen Meinung mitgezogen werden ... Sobald das Kleid und ein paar der Details aus dem Ken-Starr-Report ins Spiel kommen, werden die Leute – es wird eine kritische Masse geben, es wird den Igitt-Faktor geben – sagen: ›Den will ich nicht mehr in meinem Wohnzimmer sehen.‹«

Wen die Leute anscheinend nicht mehr in ihrem Wohnzimmer sehen wollten, war allerdings »Ken« (wie er von denen genannt wurde, die ein Interesse daran hatten, seine Story abzusichern), doch genau das wurde als Beweis für die satanischen Machenschaften des Weißen Hauses ausgelegt. »Die Mannschaft des Präsidenten«, warnte William J. Bennett in *The Death of Outrage: Bill Clinton and the Assault an American Ideals*, »... versucht unablässig, ihre Gegner als bigotte und intolerante Fanatiker ohne jeden Respekt vor der Privatsphäre darzustellen«, und fuhr dann fort:

»Gleichzeitig präsentieren sie ihren Anhängern eine Versuchung: die Versuchung, sich selbst als Realisten zu sehen, als weltoffen, kultiviert: mit einem Wort – europäisch. Aber wir sollten dieser Versuchung widerstehen. In Amerika gehört Moral so wesentlich zu unseren politischen Überzeugungen und Grundanschauungen, wie dies in Europa nicht der Fall ist, und genau diese moralische Prägung ist das Beste an uns ... Die Europäer können uns vielleicht etwas über Wein oder Haute Couture beibringen. Aber beim Thema Moral in der Politik hat Amerika Europa viel beizubringen.«

Also sollte jetzt die amerikanische Unschuld an sich von der Offenbarung des *Referral* abhängen. Der Bericht, versprachen die *Fox News*, werde detailliert auf Aktivitäten eingehen, »die wohl die meisten Amerikaner als ungewöhnlich bezeichnen würden«. Diese Details, versprach *Newsweek*, würden in der amerikanischen Öffentlichkeit »Übelkeit erregen«. Der *Newsday* versprach »Einzelheiten über ein halbes Dutzend sexueller Handlungen«, die »bei Monica Lewinskys eidesstattlicher Zeugenaussage während einer außerordentlichen, zweistündigen Sitzung am 26. August in Starrs Büro und nicht vor der Grand Jury« bekannt geworden seien.

Dies ist so verblüffend wie bedenkenswert. Am 6. August hatte Monica Lewinsky vor der Grand Jury erklärt, dass es zu sexuellen Handlungen gekommen sei. Am 17. August hatte der Präsident dies sowohl in seiner Aussage vor der Grand Jury als auch in seiner Fernsehansprache an die Nation stillschweigend bestätigt. Sieht man die Reihenfolge der Ereignisse, dürfte manchen Leuten die »außerordentliche, zweistündige Sitzung am 26. August« unnötig, ja unangemessen vorgekommen sein. Und da die Ermittler sehr wohl wussten, dass die in dieser Sitzung enthüllten Details zwei Wochen später in alle Welt hinausgehen würden – unter den *Referral*-Überschriften »Sexuelle Begegnung am 15. November«, »Sexuelle Begegnung am 17. November«, »Sexuelle Begegnung am 31. Dezember«, »Sexuelle Begegnung am 7. Januar«, »Sexuelle Begegnung am 21. Januar«, »Sexuelle Begegnung und darauf folgende Telefonate am 4. Februar«, »Sexuelle Begegnung am 31. März«, »Telefongespräche und sexuelle Begegnung an Ostern«, »Sexuelle Begegnung am 28. Februar« und »Sexuelle Begegnung am 29. März« –, hatte die Art, wie in dieser Sitzung gewisse Anstandsregeln befolgt wurden, etwas auffällig Verklemmtes und zugleich Lüsternes. »Aus Achtung vor Lewinsky und dem ganz speziellen Charakter ihrer Aussage«, berichtete der *Newsday*, »waren alle bei dieser Sitzung anwesenden Ermittler, Anwälte und Stenografen weiblichen Geschlechts.«

Als klar wurde, dass es sich bei dem »ganz speziellen Charakter der Aussage«, den »ungewöhnlichen Aktivitäten«, den »übelkeiterregenden Details«, von denen alle zu wissen schienen (vermutlich, weil das Büro des Sonderermittlers sie hatte durchsickern lassen), um Masturbation handelte, drängte sich die Frage auf, ob die Eingeweihten nicht vielleicht eine Art rhetorischer

Selbstberauschung erlebt hatten, die erregende Vorfreude des Stichwortgebers. In diesem Land haben Jugendliche durchschnittlich mit sechzehn Jahren zum ersten Mal Geschlechtsverkehr, in vielen Milieus noch früher. Da das Durchschnittsalter einer ersten Eheschließung für Frauen bei 25 und für Männer bei 27 Jahren liegt, sind junge Amerikaner also durchschnittlich neun bis elf Jahre lang sexuell aktiv, ohne verheiratet zu sein. Sechs von zehn Ehen enden in diesem Land durch die Scheidung, und ein hoher Prozentsatz derer, die sich scheiden lassen, hatte vorher außereheliche sexuelle Kontakte. Zum Zeitpunkt der Volkszählung im Jahre 1990 lebten 4,1 Millionen Paare in Haushaltsgemeinschaft, ohne verheiratet zu sein, und in mehr als 35 Prozent dieser Haushalte zusammen mit Kindern. An manchen Schulen dieses Landes haben Ende der Siebzigerjahre schon Siebtklässler *Unser Köper, unser Leben* vom Boston Women's Health Book Collective gelesen, ein Buch, in dem auch die Rolle der Masturbation in der Sexualität und die Benutzung von Fremdkörpern bei der Masturbation erklärt werden. Die Vorstellung, dass Amerikaner, die offensichtlich willens waren, über ein Techtelmechtel im Oval Office hinwegzusehen, angesichts der nicht gerade ungewöhnlichen Details erbleichen würden, schien also ebenso verblüffend wie das angebliche Unverständnis dafür, dass diese Amerikaner mehr von einem Mann halten könnten, der ganz normale sexuelle Handlungen vollzogen hatte, als von dem Mann, der die Details dieser Handlungen als Beweise vorgebracht hatte, die eine öffentliche Steinigung rechtfertigen sollten.

Aber natürlich sprachen die Mitglieder der (wie Howard Fineman sie kürzlich auf MSNBC definiert hat) »nationalen politischen Klasse«, diejenigen Menschen also, »die die *Hotline* lesen oder politische Sendungen wie diese hier im Kabelfernsehen anschauen«, nicht über gewöhnliche Amerikaner. Sie kannten keine gewöhnlichen Amerikaner. Sie hörten gelegentlich mal von einem, in einer Gruppendiskussion oder bei der Fragestunde nach einem Vortrag, aber er blieb ihnen fremd, da sie ganz auf den politischen Mechanismus fixiert waren, der mittlerweile nicht mehr die Anliegen des Landes im Allgemeinen vertrat, sondern die der zunehmend einflussreichen Interessenverbände. Als Howard Fineman bei besagtem MSNBC-Auftritt von der »Panik auf der ganzen Linie« sprach, die er »sowohl hier in Washington als auch draußen im ganzen Land« wahrnehme, bezog er sich auf Telefonate, die er mit »vielen, vielen Beratern der Demokraten, mit Meinungsforschern, Medienleuten und so weiter« wie auch mit Kandidaten für politische Ämter geführt hatte. »Zum Beispiel in Wisconsin, da bewirbt sich eine Frau um den dortigen Sitz der Demokraten, und sie sagt, sie bekommt jetzt Anrufe von ganz normalen Leuten, die Fragen stellen, die wissen wollen, was sie über Bill Clinton denkt.«

»Ganz normale Leute« allerdings rufen nicht ihre gewählten Vertreter an und nehmen auch nicht an den Parteiveranstaltungen teil, wo die Spenden gesammelt und die Fragen gestellt werden. Die Bürger, die das tun, sind die Bürger, die Zugang haben, die Bürger, die etwas einzubringen haben, die Bürger, die Einfluss haben. Als der Abgeordnete Tom Coburn (Republikaner/

Oklahoma) der *Washington Post* erzählte, im September 1998 habe er in drei Tagen 500 Anrufe und 850 E-Mails zur Frage des Impeachments erhalten, dürfte er wohl weniger von »normalen Leuten« gesprochen haben, als von Wählern, die seine Telefonnummer oder E-Mail-Adresse bereits kannten oder extra bekommen hatten; mit anderen Worten: Es war eine organisierte Blitzkampagne. Als Gary Bauer vom Family Research Council die Gunst der Stunde nutzte, um seine Chancen als Präsidentschaftskandidat durch eine Reihe in Iowa geschalteter Fernsehspots auszuloten, in denen er Mr. Clintons Rücktritt forderte, dürfte er wohl weniger daran interessiert gewesen sein, Kontakt zu »normalen Bürgern« aufzunehmen, als vielmehr die für die Kandidatenernennung entscheidenden Parteimitglieder zu aktivieren, die Mitglieder der Wahlversammlungen, von denen man annehmen konnte, dass sie in Sachen Impeachment bereits telefonisch oder per E-Mail Kontakt mit Washington aufgenommen hatten.

Wenn diese Leute in den politischen Talkshows sagten, die Amerikaner könnten solche Details nicht »verdauen«, dann sprachen sie also – codiert – über eine ganz bestimmte Sorte Amerikaner, eine Minderheit in der Bevölkerung, aber eben die Minderheit, auf die unsere letzten Wahlkämpfe zunehmend ausgerichtet worden sind. Sie redeten über »die Politik«. Sie redeten über den »Werte«-Wähler und sie hatten sich bereits so umfassend von dem Land isoliert, in dem sie lebten, dass sie willens schienen, das Wahlrecht allein diesem Schlüsselwähler vorzubehalten oder vielmehr zu übergeben.

3

Die Produktionskosten für eine Fernsehshow, in der Wolf Blitzer oder John Gibson eine Debatte zwischen einem (unentgeltlich auftretenden) »ehemaligen Bundesstaatsanwalt« und einem (unentgeltlich auftretenden) »emeritierten Rechtsgelehrten« moderiert, liegen erheblich unter denen üblicher Sendungen. Das ist, wie man so schön sagt, »der springende Punkt« oder der entscheidende Fakt. Der durch diesen Fakt ausgelösten Explosion von »Nachrichtenkommentar«-Sendungen folgte, da man die Zuschauer am Wegzappen hindern wollte, eine zweite aus ständigen Eilmeldungen, bei denen die Einsätze stündlich erhöht werden können. Der Golfkrieg hat CNN zum Erfolg verholfen, aber es war der Prozess gegen O.J. Simpson, der die gesamte Rundfunkindustrie lehrte, wie man diese Strategie perfektionieren kann.

Die Krise, die zum Impeachment-Verfahren führte, war immer schon eine Situation, in der eine Handvoll Leute dieses Phänomen für sich einzuspannen vermochte. Jeder und jede Einzelne von ihnen glaubte, etwas für sich herausholen zu können (einen Buchvertrag, eine Sensationsnachricht, einen Job als »Network-Analyst«, ein Stück vom heiß umkämpften Boden in den Kulturkriegen oder, im Fall von Starr, die Rehabilitierung nach dem gescheiterten Versuch, auch nur einen der beiden Clintons für Whitewater zu belangen). Dies war nun nichts Unvorhersehbares, und genauso wenig unvorhersehbar war es, dass die eher geringfügigen und eigentlich kaum bemerkenswerten Verstöße mittels moralischer Aufrüstungsrhetorik aufgebauscht werden würden.

»Man kann den Tempel der Justiz nicht schänden«, sagte Kenneth Starr den Reportern bei einem seiner zahlreichen Auftritte in Einfahrten oder auf Rasenstücken daneben. »Es gibt keinen Raum für Unwahrheiten. Es gibt keinen Raum für Verhüllungen. Es gibt nur Raum für die Wahrheit ... Unsere Aufgabe besteht darin, festzustellen, ob Verbrechen begangen wurden.« Dies war die authentische, wenngleich einsame Stimme des letzten Rufers in der amerikanischen Wüste, die Stimme des Sohnes eines texanischen Predigers von den »Churches of Christ«, einer fundamentalistischen Freikirche, die so auf Bestrafung fixiert war, dass im Gotteshaus keine Instrumentalmusik erklingen durfte. Dies war die Stimme eines Mannes, der genau wusste, was es hieß, Risiken einzugehen, ein Ahab, der, zutiefst gedemütigt von seinem riesigen Whitewater-Wal und deshalb auf der Jagd nach dem, was Melville »die höchste Wahrheit« nannte, trotz wiederholter Mahnungen von seinen eigenen Anhängern, dies sein zu lassen (besonders deutlich im Editorial des *Wall Street Journal*), dem Repräsentantenhaus einen Bericht vorlegte, in dem sein Bemühen, die Regierung in die Knie zu zwingen, auf nichts weiter als zehn Autorücksitz-Fummeleien basierte, geliefert von einer willigen, aber labilen Beteiligten, die offenbar sämtliche Details auf ihrer Festplatte gespeichert hatte.

Es war ein eigenartiges Dokument. Die *New York Times* berichtete einen Tag nach seiner ersten, noch nicht vollständigen Veröffentlichung, es sei zum Teil von einem gewissen Stephen Bates verfasst worden, laut Recherchen »Teilzeitangestellter im Büro des Sonderermittlers und Literaturredakteur – ebenfalls in Teilzeit – der *Wilson Quarterly*«, offenbar also eine Art Universalgenie, das nach seinem Abschluss an der Harvard Law School im Jahre 1987 »für so unterschiedliche Zeitungen und Zeitschriften wie *Nation*, *Weekly Standard*, *Playboy* und *New Republic* geschrieben hat«. Laut *Times* hatten Mr. Bates und Mr. Starr gemeinsam das Exposé für ein Buch über ein junges Mädchen in Omaha verfasst, der an der Highschool verboten wurde, einen Bibelstudienkreis zu gründen. Das Buchprojekt, für das sich allerdings kein Verleger fand, sollte *Bridget's Story* heißen. Das ist insofern interessant, als der »anschauliche« Teil des *Referral* mit den »Erzählungen«, der ja tatsächlich eine Fülle von irrelevanten »Story«-Details enthält (zum Beispiel Miss Lewinskys Drohbrief an den Präsidenten, den dieser nach eigenen Angaben nicht gelesen hatte, obwohl »Ms. Lewinsky vermutete, dass er ihn doch gelesen hat«), wie eine Art »Monica's Story« formuliert zu sein scheint. Wir haben immer wieder teil an ihren »Gefühlen«, so wie wir an denen von Bridget hätten teilhaben können. »Ich verließ [das Oval Office] an jenem Tag in einer Art emotionaler Betäubung«, soll Miss Lewinsky an einer Stelle ausgesagt haben, denn »ich wusste einfach, dass er in mich verliebt war.«

Man bedenke: Am fraglichen Tag, dem 4. Juli 1997, lag der jüngste Versuch des Präsidenten, diese Beziehung zu beenden, bereits sechs Wochen zurück. Am Tag zuvor hatte Miss Lewinsky – nachdem sie Mitarbeiter des Weißen Hauses wochenlang mit Nachrichten und Anrufen bombardiert hatte, in denen sie deutlich ihre

Frustration darüber äußerte, dass sie den Präsidenten nicht erreichen könne, ihre Überzeugung, dass er ihr einen Job schulde, und theatralisch ihre guten Absichten beteuerte (»Ich weiß, dass ich in deinen Augen nur ein Hindernis bin – eine Frau, der das Wohl eines gewissen Jemand nicht am Herzen liegt, aber glaube mir bitte, wenn ich sage, dass das Gegenteil der Fall ist.«) – einen Brief abgeschickt, in dem sie »indirekt«, wie es in der Erzählung hieß, »damit drohte, die Beziehung zwischen ihnen zu enthüllen«. An diesem Tag nun, dem 4. Juli, hat sich der Präsident endlich zu einem Treffen mit ihr bereit erklärt. Er wirft ihr vor, ihm zu drohen. Sie wirft ihm vor, ihr nicht zu einem angemessenen Job verholfen zu haben, zum Beispiel, wie sie in einem späteren Kommuniqué ausführte, »irgendetwas bei der Zeitschrift *George*«. »Es ist mir wichtig«, erklärte sie dann, »dass die Arbeit interessant und motivierend ist, dass ich *nicht* jemandes Assistentin bin, die nur Aufträge ausführt, und dass ich mir von meinem Gehalt ein sorgenfreies Leben in NY leisten kann.«

An dieser Stelle fing sie an zu weinen. Er »pries ihren Verstand und ihre Schönheit«, so die Erzählung. Er sagte, so Miss Lewinsky, »er wünschte, er hätte mehr Zeit für mich«. Sie verließ das Oval Office in »emotionaler Betäubung«, überzeugt davon, »dass er in mich verliebt war«. Die »Erzählung« bedient sich hier also eines klassischen literarischen Mittels, das unter Teilnehmern von literarischen Workshops auch als der unzuverlässige Icherzähler bekannt ist, um dem Leser klarzumachen, dass die Erzählsituation und der Erzähler selbst davon abweichen, was der Erzähler behauptet. Es kann nicht Absicht der Autoren gewesen sein, ihre Zeugin als Erpresserin und den Präsidenten als unglückseliges Opfer darzustellen, und doch stand es schwarz auf weiß so da. Dass den Autoren des *Referral* dieser elementare handwerkliche Fehler unterlaufen konnte, deutet darauf hin, wie weit sich zum Zeitpunkt der Vorlage die selbstgerechte Stimme des Großinquisitors schon von den umsichtigeren Stimmen seiner schlaueren Verbündeten isoliert hatte.

Dass die meisten Amerikaner nicht auf die Stimme des Inquisitors hören würden, war für diese Verbündeten immer unerheblich gewesen. Was sie verhieß und was wertiger authentische, aber gefällige Stimmen genauer ausführten, war die Wiedereinführung von fundamentalistischen Ideen oder »Wertethemen« in den allgemeinen Diskurs. »Die meisten Politiker übersehen Herz und Seele dieses Anliegens«, schrieb Ralph Reed 1996, nachdem er »die Kultur, die Familie, den Werteverlust, den Verfall der Anstandsregeln und die moralische Zersetzung unserer Kinder« als wesentliche Themen der Christian Coalition definiert hatte, die im selben Jahr behauptete, ein Viertel bis ein Drittel ihrer Mitglieder seien eingetragene Demokraten. Obwohl die Werbung für die »Werte«-Agenda seit zwei Jahrzehnten das gemeinsame Anliegen der »religiösen« (bzw. christlichen) und der neokonservativen Rechten gewesen war, fand Reed, dass zu viele Politiker »Themen [immer noch] wie Buchhalter abhandeln«. John Podhoretz, der die Republikaner 1996 aufforderte, sich Robert Doles und Newt Gingrichs Bemühungen um eine »Entideologisierung« der Republikanischen Partei zu widersetzen, hatte damit, wenn auch weniger direkt, Reeds Klage aufgegriffen, dass zu viel Gewicht auf ökonomische Themen gelegt werde. »Sie beantworten keine Fragen über das spirituelle Wohlergehen unseres Landes«, schrieb er. »Sie sprechen nicht das bedrohliche Gefühl an, das wir alle haben, nämlich, dass die Amerikaner mit jedem Atemzug unbewusst eine Philosophie in sich aufnehmen, die persönlichem Vergnügen größeren Wert beimisst als persönlicher Verantwortung; dass unsere Fähigkeit, das Beste aus uns zu machen, im Schwinden begriffen ist.«

Dass wir nun nicht »alle« dieses »bedrohliche Gefühl« teilten, war wiederum unerheblich, da weder Reed noch Podhoretz von uns allen sprachen. Weniger als die Hälfte aller wahlberechtigten Bürger dieses Landes hat sich an den Präsidentschaftswahlen 1996 beteiligt. Bei den fünf vorangegangenen Präsidentschaftswahlen waren es immerhin noch zwischen 50 und 55 Prozent gewesen. Seit 1974 haben sich nur noch zwischen 33 und 38 Prozent an Zwischenwahlen beteiligt. Die Anzahl derer, die sich an Vorwahlen beteiligen, wo die Inhalte des Wahlkampfs festgelegt werden, liegt sogar noch niedriger, in manchen Fällen bei einer einstelligen Zahl. Und genau wie Ralph Reed und John Podhoretz 1996 sprachen William Kristol und Mary Matalin 1998 über jene kleine Gruppe von Bürgern, denen »das spirituelle Wohlergehen des Landes« als Deckmantel für eine Vielfalt von »sozialen« oder sogenannten »Kontrolle-und-Respekt«-Themen dient. Sie sprachen mit anderen Worten über diese kleine Untergruppe der Bürger, die als wahlentscheidend gelten, weil sie diejenigen sind, die am ehesten zur Urne gehen.

Wozu die Christian Coalition und der *Weekly Standard* 1996 die Republikaner und (logisch weitergedacht) ihre Gegner aufforderten, hieß nichts anderes, als die Gruppe der Wahlentscheider noch kleiner zu machen, indem sie alle Themen aus der Debatte nahmen, die das Land im Allgemeinen betrafen. Dies mag damals als ein Programm erschienen sein, das ins Abseits führte. Es mag sogar noch 1996 als ziemlich vergebliche Hoffnung auf die baldige Verständigung der Meinungsführer darüber erschienen sein, dass die moralische Aufrüstung der Bürger eben verlange, das juristische Präjudiz, ja selbst die von der Verfassung seit drei Jahrhunderten garantierten Sicherheiten aufzuheben. Und das nur, weil es von höherem Interesse sei, moralische Vergehen nachzuweisen oder »festzustellen, ob Verbrechen begangen wurden«, wie Kenneth Starr es in den Unterlagen formulierte, die er dem Obersten Gerichtshof zu der Frage vorlegte, ob der Anwalt des Präsidentenberaters Vincent Foster gezwungen werden könnte, Notizen über Unterhaltungen auszuhändigen, die er mit Foster vor dessen Tod geführt hatte. (Vincent Foster hatte, wie sich erwies, Selbstmord begangen, vermutlich aufgrund von Depressionen. Doch sein Tod wurde immer wieder in Zusammenhang mit der »Whitewater«-Affäre gebracht. [Anm. d. Vlg.]) Und doch unternahmen es im August 1998 zwei dieser Meinungsführer, nämlich George Will und Cokie Roberts, jenen Kongressmitgliedern den Rücken zu stärken, die in Versuchung geraten könnten, es ihren Wählern gleichzutun und zwischen Todsünden und Ausrutschern zu unterscheiden:

»*G. W.*: Cokie, die wuchernde Korrumpierung, die von diesem Mann [dem Präsidenten] verbreitet wird, ist jetzt offensichtlich. Und die Korrumpierung der Idee, was es bedeutet, Volksvertreter zu sein. Die Leute im Kongress sagen schon: ›Es ist unser Job, die Meinungsumfragen zu lesen und uns danach zu richten.‹ Ja, wenn das so ist, das ist ja intellektuell nicht kompliziert, das ist moralisch nicht anspruchsvoll. Aber es macht eine Farce aus …

C. R.: Nein, hier sollten wir einfach auf direkte Demokratie setzen.

G. W.: Genau. Werfen wir sie raus und schließen wir Computer an …

C. R.: … Ich muss sagen, ich glaube, dass es Sinn macht, das [Impeachment-]Verfahren wirken zu lassen, weil damit – weil die Leute dann die öffentliche Meinung anführen können, statt ihr einfach durch das Verfahren zu folgen.

G. W.: Was für ein Konzept.

C. R.: Wir werden ja sehen.«

Die mangelnde Bereitschaft des Kongresses, sich genügend von der Wählermeinung zu distanzieren, als »Korrumpierung der Idee, was es bedeutet, Volksvertreter zu sein« zu bezeichnen, heißt, davon zu reden, Amerika das Wahlrecht zu entziehen. »Die Öffentlichkeit war zufrieden, die Eliten nicht« – auf diese Formel zugespitzt, hatte ein ungenannter Berater des Weißen Hauses gegenüber der *Washington Post* die Meinungsverschiedenheiten in der Frage der »Entschuldigung« oder »Nicht-Entschuldigung« des Präsidenten zwischen den politischen Profis und denen, die bis vor Kurzem, wenn auch nur pro forma, als Wählerschaft bezeichnet worden waren. »Man muss auch mal die Eliten gewinnen lassen.«

Niemand hätte bezweifeln können, dass die Eliten diesmal tatsächlich gewinnen würden, da das Unternehmen sogar schon vor der etwas enttäuschend ausgefallenen Meinungsumfrage zum Starr-Report und der auf Video aufgezeichneten Zeugenaussage des Präsidenten zur perfekten Kreisförmigkeit gelangt war, nach der es von Beginn an gestrebt hatte. »Ich möchte herausfinden, wer sonst in der politischen Klasse so darüber denkt wie Mr. Clinton, was akzeptables Verhalten ist«, hatte George Will im August als Erklärung dafür angeführt, warum er ein Impeachment-Verfahren einem Rücktritt vorzog. »Räuchern wir sie aus.« Dass eine Mehrheit der Amerikaner fähig schien, zwischen Mr. Clintons Verhalten in dieser Angelegenheit und seiner Amtsführung zu unterscheiden, war zu diesem Zeitpunkt unerheblich geworden, genau wie das endgültige Resultat der Beratungen im Kongress. Was passieren würde, war bereits passiert: Da von nun an alle Wahlen nur auf das Pseudothema korrekten sexuellen oder »moralischen« Verhaltens konzentriert werden konnten, würden diese Wahlen zunehmend von der gut organisierten Minderheit entschieden werden, die sich ohnehin festgelegt hatte und mit »Werte«-Themen höchst zuverlässig an die Urnen bringen ließ.

Selbst die Tatsache, dass eine Wahl zwischen zwei Kandidaten, die darüber streiten, wer die korrekteren »Werte« aufzuweisen hat, für die meisten Wähler den Urnengang sinnlos machen würde, ihre Stimme abzugeben, war schon von weniger vorsichtigen Profis angesprochen worden, als das Schöne daran, als der Bonus, der den Prozess endlich und dauerhaft abschließen würde. »Wen kümmert es, was die Erwachsenen denken?«, fragte ein republikanischer Parteistratege die *Washington Post* zu diesem Problem Anfang September 1998. »Das ist absolut nicht von Belang für diese Wahl.«

(1998)

Newt Gingrich, Superstar

Unter den Persönlichkeiten, Büchern und Ereignissen, die das Denken des Honorable Newton Leroy Gingrich (Republikaner/Georgia), Vorsitzender oder Speaker des Repräsentantenhauses und einer der führenden Nutznießer der kulturellen und historischen Amnesie dieses Landes, »beeinflusst« oder »verändert« oder »nachhaltig geprägt« haben, finden sich nach seinen eigenen Angaben Abraham Lincoln, Thomas Jefferson, Franklin Roosevelt, Isaac Asimov, Alexis de Tocqueville, Tom Clancy, Allen Drurys *Macht und Recht*, Robert Walpole, William Gladstone, Gordon Wood, Peter Drucker, Arnold Toynbees *Der Gang der Weltgeschichte*, Napoleon Hills *Denke nach und werde reich*, die »Zwei Kulturen«-Vorlesungen von C.P. Snow (aus denen der Speaker folgende Lehre zog: »Wenn man schlagfertig und redegewandt ist, dann hat man wahrscheinlich keine Ahnung, wovon man redet, aber es klingt gut; wenn man dagegen eine ganze Menge über das weiß, worüber man redet, kann man wahrscheinlich in keine Talkshow gehen, weil einen niemand verstehen würde«), Adam Smiths *Reichtum der Nationen*, »Woodruff, der großartige langjährige Präsident von Coca-Cola«, ein Unternehmer aus Omaha namens Herman Cain (»der Chef von Godfather Pizza, er ist Afroamerikaner, stammt aus Atlanta, und sein Vater war Woodruffs Chauffeur«), *Grinding It Out* von dem McDonald's-Gründer Ray Kroc und Johan Huizingas *Herbst des Mittelalters.*

Weiterhin zählten dazu: Daryl Conners *Managing at the Speed of Change, Made in America* von Sam Walton, dem Wal-Mart-Gründer, Stephen R. Coveys *Die sieben Wege zur Effektivität,* das Pfadfinderinnenhandbuch des Jahres 1913, *Nur einen Tag nach dem anderen* von den Anonymen Alkoholikern, Gore Vidals *Lincoln* (»obwohl ich kein großer Fan von Vidal bin«), der Spielfilm *Jeremiah Johnson* von Sydney Pollack mit Robert Redford (»ein großartiger Film und ein anschauliches Beispiel eines echten Amerikaners«), die kommerzielle Bebauung des Sonnengürtels (»Diese amerikanische Vorliebe, die historischen Lehren zu leugnen hat mich zum ersten Mal beeindruckt, als ich den Immobilienboom der frühen 1970er-Jahre in Atlanta miterlebte.«), der Science-Fiction-Autor Jerry Pournelle, der Betriebsberater W. Edwards Deming (»Qualität nach Demings Definition« ist Säule fünf von Gingrichs fünf Säulen der amerikanischen Kultur) und bezeichnenderweise die Zukunftsforscher Alvin und Heidi Toffler, »bedeutende Kommentatoren der menschlichen Verfassung« und außerdem »liebe Freunde«.

Diese und andere Einflüsse legten den Grundstein für das, was Dick Williams, Journalist und Autor von *Newt!* Mr. Gingrichs »intellektuelles Fundament« nannte, »für das er schon zu Highschool-Zeiten Zitate und Ideen auf Zetteln sammelte, die er in Schuhschachteln aufbewahrte«. Und diese Zettelsammlung mit Zitaten und Ideen (ein ehemaliger Klassenkamerad schätzte, dass Mr. Gingrich fünfzig solcher Schachteln besaß, für den Einsatz »im Unterricht und in der Politik«) wiederum führte 1984 zu Mr. Gingrichs *Window of Opportune* (laut Vorwort, das Jerry Pournelle verfasste, »ein detaillierter Entwurf, ein praktisches Programm, das nicht nur beweist, dass wir alle reich werden können, sondern auch zeigt, wie das geht«), 1993 zu den im Fernsehen ausgestrahlten »Renewing American Civilization«-Vorlesungen, die Mr. Gingrich am Reinhardt College in Waeska, Georgia, hielt, und 1995 zu zwei weiteren Büchern, dem Roman *1945* und der Streitschrift *To Renew America*.

1945 ist ein recht naives Beispiel für das Genre der spekulativen Fiktion, das als »alternative Geschichte« bekannt ist; in diesem Fall lautet die Prämisse, dass Hitler nach einem Flugzeugabsturz am 6. Dezember 1941 »mehrere Wochen im Koma lag«, den Vereinigten Staaten also nicht den Krieg erklärte. 1945, völlig genesen, ist Hitler entschlossen, die Operation Arminius in Angriff zu nehmen, ein komplexes Unterfangen mit dem Ziel, England zu erobern (das 1943, nach dem Sturz der Regierung Churchill, »einem Waffenstillstand mit auffallend milden Bedingungen zugestimmt« hatte) und die Vereinigten Staaten durch vernichtende Schläge gegen ihre Flotte und Oak Ridge, die Entwicklungsstätte für den Bau der Atombombe, am Eingreifen zu hindern. »Wenn erst mal jeder Wissenschaftler in Oak Ridge tot ist, dann ist auch ihr Atomprogramm tot«, erklärt der mit der Infiltration und Zerstörung der Anlage beauftragte deutsche Offizier. »Der Führer hat sich entschieden, in den Krieg zu ziehen, um die Amerikaner aufzuhalten, bevor sie uns mit dieser wahren Wunderwaffe zuvorkommen.« In *To Renew America*, wofür HarperCollins ursprünglich $ 4,5 Millionen bot, recycelt Mr. Gingrich wohlbekannte Themen aus *Window of Opportunity* und aus den »Renewing American Civilization«-Vorlesungen, um »unseren historischen Prinzipien wieder Geltung zu verschaffen«, die aus seiner Sicht letztmalig in »der Gewissheit und den Überzeugungen während des Zweiten Weltkriegs und des Kalten Kriegs« zum Ausdruck kamen.

Mr. Gingrich »schematisches« Denken vorzuwerfen, wie es manche getan haben, trifft allerdings nicht den Kern des Problems, der vielmehr darin besteht, dass das »Schema«, wie es sich in seinen schriftlichen Werken und Vorlesungen offenbart, so weitgehend rätselhaft bleibt. Die auf Video aufgezeichneten »Renewing American Civilization«-Vorlesungen, in denen er »Die historischen Lehren der amerikanischen Kultur« erörtert (Säule eins der fünf Säulen amerikanischer Kultur), beinhalten beispielsweise auch Ausschnitte aus TV-Spielfilmen und Dokumentationen über den amerikanischen Bürgerkrieg, aber keine großen Anhaltspunkte dafür, weshalb die Lektionen der amerikanischen Kultur eigentlich »historisch« sein sollten, und weshalb die anderen vier Säulen der amerikanischen Kultur (»Persönliche Stärke«, »Freies Unternehmertum«, »Erfinder- und Entdeckergeist« und »Qualität nach Demings Definition«) nicht vielmehr Unterpunkte von Säule eins oder Lehren der Kultur sein sollten. Und auch der Versuch, Mr. Gingrichs Spuren in »Fünf

Gründe, die amerikanische Geschichte zu studieren« von der ersten bis zur fünften Station zu verfolgen (»Eins: Geschichte ist eine kollektive Erinnerung«, »Zwei: Die amerikanische Geschichte ist die Geschichte unserer Kultur«, »Drei: Der außergewöhnliche Charakter Amerikas lässt sich am besten durch die Geschichte verstehen«, »Vier: Geschichte ist eine Ressource, deren Lehren umgesetzt werden müssen« und »Fünf: Es gibt Techniken, die Ihnen dabei helfen können, Problemlösungen aus den Erfahrungen der Geschichte zu entwickeln«), hinterlässt beim Spurenleser Kopfschütteln, Unbehagen und die Frage, wessen Synapsen hier eigentlich aneinander vorbeifeuern.

Dass Mr. Gingrichs schriftliches und mündliches Werk (oder, wie er es nennt, seine »Lehre«) den Anschein erweckt hat, auf einer greifbaren Substanz zu beruhen, einem vielleicht nicht ganz ausgefeilten, aber gesunden Menschenverstand, liegt daran, dass die meisten seiner Äußerungen nur schematisch daherkommen, mit systematisch, wenngleich unzweckmäßig durchnummerierten Themenpunkten. Da gab es »Sieben Schlüsselaspekte« und »Neun horizonterweiternde Prinzipien« der »persönlichen Stärke«, der Säule zwei der amerikanischen Kultur. Da gab es »Fünf zentrale Prinzipien« der »Qualität nach Demings Definition« (Säule fünf); da gab es »Drei große Konzepte« des »Freien Unternehmertums«, Säule drei. Da gab es zudem und ebenfalls unter Säule drei die »Fünf Feinde des freien Unternehmertums« (»Bürokratie«, »Bewertung«, »Besteuerung«, »Rechtsstreitigkeiten« und »Regulierung«), lauter Punkte, die wie ein gegenseitiges Echo klangen und zudem weitgehend identisch mit den »Sieben wohlfahrtsstaatlichen Fortschrittshindernissen« von Säule vier gewesen wären, hätte Letztere nicht »Zentralisierung«, »Antifortschrittliche kulturelle Haltung« und »Ignoranz« eingeschlossen.

In *Window of Opportune* erklärte uns Mr. Gingrich, dass »die große Kraft, die unsere Welt verändert, ein Synergismus aus eigentlich sechs Teilen« sei, und präsentierte »fünf einfache Schritte in eine Zukunft des Fortschritts«. Zum Thema Gesundheitsfürsorge postulierte Mr. Gingrich »acht Felder, in denen notwendige Veränderungen anstehen«. Zum Thema Waffenkontrolle sah er »sieben Bedingungen, die der freien Welt helfen werden, im Zeitalter der Atomwaffen zu überleben«. Ein paar Absätze weiter unten machten die sieben Bedingungen »zwei Initiativen« Platz, dann »drei weitreichenden strategischen Optionen für die nächste Generation« und schließlich, in augenschonender Entfernung, »sechs realistischen Zielen, die die Chancen unserer Kinder erhöhen würden, in einer Welt ohne Nuklearkrieg zu leben«.

»Umreißen« oder »Auflisten« ist nach wie vor eine beliebte analytische Technik von Management- und Motivationsexperten, deren Ansatz Mr. Gingrich mit solch messianischem Eifer übernommen hat. (Bis zum Jahre 2012 ließe sich der Haushalt ausgleichen und zudem »ein Weg finden, den gegenwärtigen Wohlfahrtsstaat durch eine Gesellschaft der Chancen zu ersetzen«, tat er dem Kongress anlässlich seiner Vereidigung als Speaker kund, »wenn wir die Prinzipien von Edwards Deming und Peter Drucker zur Anwendung bringen«.) Bei näherer Untersuchung allerdings bringen nur wenige seiner eigenen »Felder«, »Bedingungen« und »Initiativen«, seiner »Schritte«, »Möglichkeiten« und »Ziele« den Diskurs weiter. Der siebte der sieben Schritte zur Lösung des Drogenproblems, wie er in *To Renew America* umrissen ist, ruft die Regierung dazu auf, »unsere nachrichtendienstlichen Bemühungen gegen Drogenbarone überall auf dem Planeten zu intensivieren und Regierungen anderer Länder dabei zu unterstützen, sie dingfest zu machen«, mit anderen Worten also das, was sowohl die Drug Enforcement Administration als auch das United States Southern Command nun schon seit etlichen Jahren tun. Kein Mythos entgeht über längere Zeit der Aufnahme in den einen oder anderen von Mr. Gingrichs vier, fünf oder elf Punkten; ein weiterer notwendiger Schritt zur Lösung des Drogenproblems ist die Wiederaufnahme von Mrs. Reagans »Sag einfach Nein«-Kampagne.

Der erste der »acht Bereiche für notwendige Veränderungen« in unserem Gesundheitssystem verlangt nach einer »Konzentration auf Präventivmedizin und gesunde Lebensführung«, was in *Window of Opportunity* bedeutete, Medicare-Versicherten $ 500 dafür zu bieten, dass sie nicht zum Arzt gehen. *To Renew America* erweitert diesen Gedanken auf »Angestelltenversicherungsprogramme«, bei denen jedem Angestellten ein »Medisave«-Konto in Höhe von $ 3000 zur Verfügung gestellt wird, die er entweder zur medizinischen Versorgung verwenden oder sich am Jahresende als Bonus auszahlen lassen kann, was nichts anderes heißt, als das Konzept der Krankenversicherung auslaufen zu lassen und diesen Vorgang »Medisave« zu nennen. Mr.

Gingrich führt die »ganz erheblichen Einsparungen bei den Behandlungskosten« an, die mittels Medisave-Konten von der Golden Rule Insurance Company erzielt wurden, deren Führungskräfte und Angestellte seit Mr. Gingrichs Aufstieg zu nationaler Beachtung diese Ersparnisse haben arbeiten lassen, indem sie seinem Wahlkampfkomitee $ 42 510, seiner »Global Association of Parliamentarians against Corruption« $ 117 076, der Stiftung, die seine Vorlesungen mitfinanziert, eine ungenannte Summe und der Republikanischen Partei $ 523 775 spendeten. Außerdem sponsert die Golden Rule Insurance Company den *Progress Report*, eine Call-in-Show, die Mr. Gingrich auf National Empowerment Television co-moderiert. »Die Verknüpfung von einzelnen Beiträgen zum Erfolg«, erzählte uns Mr. Gingrich in *Window of Opportunity*, sei »der erste Schritt für Amerikas Bürger, ihre neuen Beziehungen zu ihren gewählten Vertretern zu organisieren und zu systematisieren«.

Die Argumente in *To Renew America*, die nicht sofort an ethische Konflikte denken lassen, geraten nur zu leicht auf einen anderen Kollisionskurs. Wir haben, laut Mr. Gingrich, »eine uneingeschränkte Verpflichtung, die Schäden zu minimieren, die wir der Natur zufügen«, eine »moralische Verpflichtung, uns um das Ökosystem zu kümmern«. Da dies mit seinem Wunsch kollidiert, »die unsinnigen Belastungen« durch »in Washington ausgeheckte Umweltbestimmungen« aufzuheben, bleibt die Erfüllung unserer moralischen Verpflichtung, uns um das Ökosystem zu kümmern, einer Bürgerin namens Linda Bavaro überlassen, die in Mr.

Gingrichs Wahlbezirk aus Zwei-Liter-Coca-Cola-Flaschen T-Shirts macht und das Endprodukt dann in Disney World verkauft. »Linda«, bemerkt Mr. Gingrich, »hat gute Chancen, ein profitables Geschäft zu machen, indem sie die Umwelt profitieren lässt. Und genau so sollte ein gesunder freier Markt in einem freien Land funktionieren.«

Selbst Mr. Gingrichs solideste Argumente können solche unberechenbaren Umwege machen. Die »Dritte Welle des Informationszeitalters« bietet »den meisten Amerikanern das Potenzial für enorme Verbesserungen in der Wahl ihres Lebensstils«, Chancen auf »kontinuierliches, lebenslanges Lernen«, die alle von Outsourcing oder Wegrationalisierung Betroffenen in die Lage versetzen kann, »*außerhalb* von Unternehmensstrukturen und -hierarchien in den Nischen und Winkeln [tätig zu werden], die das Informationszeitalter schafft« (so weit, so gut), aber jetzt kommt der besondere Winkel der Informationsrevolution, in den Mr. Gingrich schlittert:

»Sagen wir, Sie wollen batiken lernen, weil ein neuer Kunstgewerbeladen im Einkaufszentrum aufgemacht hat und die Besitzerin Ihnen gesagt hat, sie würde einiges von Ihren Arbeiten verkaufen. Als Erstes melden Sie sich übers Internet im Online-Batikportal an, wo Sie eine Liste mit Empfehlungen finden … Vielleicht bekommen Sie eine Liste mit empfohlenen Video- oder Audiokassetten, die Ihnen schon am nächsten Tag per Federal Express nach Hause zugestellt werden können. Vielleicht ziehen Sie ein individuelleres Lernsystem vor und gehen bei einer Batik-Meisterin in die Lehre …

Jedenfalls haben Sie binnen weniger als vierundzwanzig Stunden eine neue Laufbahn gestartet.«

Was in *To Renew America* als rationale, wenngleich vorhersagbare Diskussion über »Neue Grenzen in Wissenschaft, Weltraum und den Weltmeeren« beginnt, nimmt eine ähnlich jähe Wendung: »Warum nicht danach streben, einen echten Jurassic Park aufzumachen? … Wäre das nicht eine der spektakulärsten Errungenschaften der menschlichen Geschichte? Was, wenn wir ausgestorbene Arten wieder zum Leben erwecken könnten?« Ein paar Seiten weiter in »Neue Grenzen in Wissenschaft, Weltraum und den Weltmeeren« rasen wir in die »Flitterwochen im All« (»Stellen Sie sich die Schwerelosigkeit und ihre Auswirkungen vor, und Sie werden einige der Attraktionen verstehen.«), ein Gedanke, der schon in *Window of Opportune* herumgegeistert war, damals als Illustration dafür, wie Unternehmertum zur Schaffung von Arbeitsplätzen im eigenen Wahlbezirk führen könnte: »Ein Grund, warum ich überzeugt davon bin, dass Weltraumtourismus zu einer Wachstumsindustrie werden wird, ist der, dass ich den Flughafen Atlanta vertrete, der für 35 000 mit dem Luftfahrtgeschäft verbundene Jobs im Großraum Atlanta sorgt.«

Die Kombination von Flitterwochen im All und recycelten Zwei-Liter-Coca-Cola-Flaschen ist die Art von Detail, die Mr. Gingrich tatsächlich fasziniert, doch wenn sich eine Idee nicht bei Disney World verkaufen ließ, verlor er schnell das Interesse. Als ihm r 995 bei einem Auftritt im New Yorker YMHA die Frage gestellt wurde, was er zu einem frühen Zeitpunkt für Bosnien unternommen hätte, probierte er es mit der »Schaffung einer balkanweiten Entwicklungszone«. Das irgendwie enttäuschende neunte seiner Neun Prinzipien der Selbstverwaltung für eine Gesellschaft der Chancen lautete folgendermaßen: »Und schließlich: Bemühen Sie sich, bemühen Sie sich immer wieder. Selbstverwaltung ist eine mühselige, anspruchsvolle Aufgabe, von der allerdings das Überleben der Freiheit abhängt.« Viele der Vorschläge in *Window of Opportunity* und *To Renew America* verzetteln sich, schrumpfen ins Ungefähre, als wäre die Aufmerksamkeit des Vordenkers schon weitergehüpft. Mr. Gingrich, so erfahren wir von Dick Williams, plant seinen Tag in viertelstündigen Einheiten, eine Lektion aus Peter Druckers *Kardinaltugenden effektiver Führung*. Mr. Gingrich, erfahren wir von ihm selbst, hält es für sinnvoll, so viele dieser viertelstündigen Einheiten wie möglich der Lektüre zu widmen, insbesondere der Lektüre von Biografien, denen er direkten persönlichen Nutzen zuschreibt: »Es ist mir gleich, was Sie sein wollen. Wenn Sie reich werden wollen, lesen Sie die Biografien von Leuten, die reich geworden sind. Wenn Sie im Showgeschäft berühmt werden wollen, lesen Sie die Biografien von Leuten, die im Showgeschäft berühmt geworden sind.«

Nicht nur Bücher können diese Art von intravenöser Inspiration bieten, sondern auch »Zitate«, das, was *Forbes* »Gedanken über das Geschäft des Lebens« zu nennen pflegte, rhetorisches Back-up, aus Schuhschachteln gezupft und eingesetzt oder »verwendet«. »Heute Morgen kam mir etwas höchst Beeindruckendes in den Sinn, das Bill Emerson verwendet hat«, sagte Mr. Gingrich bei seiner Vereidigung als Speaker. »Es ist ein recht bekanntes Zitat von Benjamin Franklin.« Mr. Gingrich neigt dazu, alles was er tut, an dieser Skala strategischer Anwendbarkeit und unmittelbarer Nützlichkeit zu messen; der vierte und der fünfte oder entscheidende der »Fünf Gründe dafür, die amerikanische Geschichte zu studieren« lauten: »Geschichte ist eine Ressource, deren Lehren umgesetzt werden müssen« und »Es gibt Techniken, die Ihnen dabei helfen, Problemlösungen aus den Erfahrungen der Geschichte zu entwickeln«.

Vieles von dem, was Mr. Gingrich sagt, hat nie einer genaueren Prüfung standgehalten. Da gab es seine eher deprimierende Sicht auf die Zukunft mit einer Art erweitertem Flughafen Cincinnati, wo »jedes Nachrichtenmagazin eine eigene Rubrik für die neuesten Nachrichten aus dem All haben würde« und von wo aus wir »zu den Hiltons und Marriotts des Sonnensystems ausströmen würden, und die Menschheit wird sich für immer von diesem Planeten freigemacht haben«. Da waren die dubiosen Geschichten – die »Personalisierung« (eines von Gingrichs Schlüsselkonzepten) –, die als Beweis für jede gerade anstehende Behauptung geliefert wurden, aber nie so ganz den Punkt trafen. Die Erkenntnis, dass sich Amerika »im Übergang von einem Wirtschaftstypus und Lebensstil zu einem anderen« befand, gewann Mr. Gingrich durch die Lektüre von Peter Druckers *Die Zukunft bewältigen. Aufgaben und Chancen im Zeitalter der Ungewissheit* und John Naisbetts *Megatrends*, aber was genau das bedeutete, ging ihm erst auf, als er zu seiner »höchsten Verwunderung entdeckte«, dass er seine älteste Tochter, die ihr vorletztes Collegejahr im Ausland verbrachte, anrufen konnte, »indem ich zuerst die 001 für den internationalen Telefoncomputer wählte, dann den Code für Frankreich, dann den Code für den Großraum Paris und schließlich die direkte Nummer meiner Tochter«.

Dass diese Entdeckung 1982 oder 1983 stattgefunden haben dürfte (seine älteste Tochter kam 1963 zur Welt), kann nur als ein Hinweis dafür gelten, dass dies kein Geist war, der sich auf seine eigenen Kriterien festnageln ließ. Da gab es überdies das eher saloppe Verhältnis zur Genauigkeit, ob Schreibweisen, Namen oder Ideen, die bei dem unwiderstehlichen Impuls, etwas zu umreißen, auf der Strecke blieben. Aus Peter Druckers *The Age of Discontinuity [Die Zukunft bewältigen]* wird in *Window of Opportunity* und in den Vorlesungen *The Age of Discontinuities*. Aus Garry Wills *Inventing America* wird »Garry Wills *Discovering America*«. Aus Gordon Wood wird Gordon Woods. *To Renew America* lässt zwar auf professionelles Redigieren schließen, definiert aber auch, was dort »situative Ethik« und »Dekonstruktionalismus« genannt wird, als austauschbare Termini für »die Überzeugung, dass es keine allgemeingültigen Verhaltensregeln gibt«. Alexis de Tocqueville wird als eine Art Fan beim Auswärtsspiel betrachtet, dem das Vorrecht zuteilgeworden ist, »die Welt davon in Kenntnis zu setzen, dass die ›Demokratie in Amerika‹ funktioniert«. Zudem wird er, was noch sonderbarer anmutet, als ein wesentlicher Träger der amerikanischen Kultur angeführt: »Von der Jamestown-Kolonie und den Pilgervätern über de Tocquevilles *Die Demokratie in Amerika* bis zu Norman Rockwells Gemälden aus den 1940er- und 1950er-Jahren herrschte ein klares Bewusstsein dafür, was es bedeutete, Amerikaner zu sein.«

Da gab es den Flirt mit dem Jahrtausendwechsel, das nahezu astrale Festhalten an der Bedeutung einzelner, in sich bedeutungsloser Daten und Zahlen. Die »Diskontinuität« (wieder mal Peter Drucker) in der amerikanischen Geschichte dauerte laut Mr. Gingrich genau vom Jahre 1965 bis zum Jahre 1994: »Geschehen ist da Folgendes, nämlich, dass Amerika von 1965 bis 1994 auf dem falschen Weg gewesen ist. Das ist nun wirklich ein wichtiger Unterschied.« »Ein Jahr, das mit drei Nullen endet, ist in der Tat etwas Seltenes«, erklärte er in *Window of Opportunity*.

»Wir eröffnen den 104. Kongress«, sagte er bei seiner Vereidigung. »Ich weiß nicht, ob Sie je über diese Vorstellung nachgedacht haben: 208 Jahre.« Dieser Hang zum bedeutungslos Spezifischen (hier haben wir es mit einem Mann zu tun, der die Chancen für den Fortbestand seiner zweiten Ehe auf »53 zu 47« schätzte) ist gekoppelt mit dem Tick, all das, was in der Tat spezifisch ist, zu einem allgemeinen Prinzip aufzubauschen, einem großen Gedanken. Die Kirschblüten in Washington, ließ er seine Wähler 1984 wissen, sollten uns daran erinnern, dass »es einen Rhythmus und einen Zyklus des Lebens [gibt]. Der Winter geht, und der Frühling kommt.« *Forrest Gump* wurde in Mr. Gingrichs Augen zu »einer Bestätigung dafür, dass die Gegenkultur Menschen und Grundwerte zerstört«. Dass *Star Wars* mehr Geld einspielte als *Der Stoff aus dem die Helden sind* sollte uns lehren, dass »wir es der Bürokratie erlaubt haben, bei zu vielen unserer wissenschaftlichen Abenteuer das Regiment zu führen«. Gibt es einmal nichts Spezifisches festzuhalten oder aufzubauschen, neigt er dazu, gefährlich weit aus der syntaktischen Umlaufbahn zu trudeln:

»Ich meine, wenn Sie einen Moment über die Idee nachdenken – und das ist einer der Gründe dafür, dass ich das Konzept von »Virtualität« aufgreifen wollte –, dass die große Herausforderung unserer Zeit zunächst darin besteht, uns eine Zukunft vorzustellen, die es wert ist, unser Leben darauf auszurichten, dann wegen der Technologien und Fähigkeiten, über die wir heute verfügen, um zu einem gewissen Zustand der Virtualität zu gelangen, ob das nun auf heutigen Ebenen der Differenziertheit oder nur in unseren Köpfen geschieht, jedenfalls zeigen die meisten Untersuchungen über Führungsqualitäten, dass Führungspersönlichkeiten tatsächlich schon früher getroffene Entscheidungen einbringen, und das ist einer der Gründe dafür, dass man bei echten Führungspersönlichkeiten sicher sein kann, dass sie den großen Wurf bereits umfassend konzipiert haben und es jetzt nur noch um die Durchführung geht. Und die läuft ja ganz anders. Also ist Virtualität auf geistiger Ebene in gewisser Weise etwas, das Sie meines Erachtens bei den meisten Führungspersönlichkeiten über alle historischen Perioden hinweg finden können.«

(1995)

Im Reich des Fischerkönigs

Präsident Ronald Reagan, so erfuhren wir später von seiner Redenschreiberin Peggy Noonan, verbrachte viele der Dienststunden, in denen keine Kameras surrten, mit dem Beantworten der etwa fünfzig Briefe amerikanischer Bürger, die seine Poststelle allwöchentlich für ihn auswählte. Die Familienfotos, die vielen dieser Briefe beilagen, steckte er in seine Jackentaschen und Schreibtischschubladen. Wenn er bei einem Antwortbrief die Postleitzahl nicht kannte, entschuldigte er sich bei seiner Sekretärin dafür, dass er sie nicht selbst heraussuchte. Seine Bleistifte spitzte er eigenhändig an, wie wir später von Helene von Damm erfuhren, die einst in Sacramento und später in Washington seine persönliche Sekretärin gewesen war, und wenn er Kaffee wollte, dann holte er sich selber welchen.

Als wir uns nach dem Ende der Reagan-Ära beeilten, ein für alle Mal klarzustellen, dass wir schon immer gewusst hatten, wie eigentümlich das Weiße Haus in dieser Besetzung gewesen war, vergaßen wir darüber ganz, wie eigentümlich das Weiße Haus an sich war, was weniger mit der Leere in seinem Inneren zu tun hatte als mit der gewaltigen Fliehkraft, die durch diese innere Leere an den Außenseiten freigesetzt wurde. In

Reagans Weißem Haus gab es Raum für große Erwartungen. Die Art von Begeisterung, die in einem voll besetzten Oval Office eigentlich keine Überlebenschancen hat, konnte sich hier ungehemmt entfalten. »Man war zum Beispiel irgendwo privat eingeladen und sah auf dem Weg zur Toilette im Schlafzimmer ein dickes Exemplar von Paul Johnsons *Modern Times* aufgeschlagen auf dem Nachttisch liegen«, berichtete Peggy Noonan, die Ronald Reagan die »Jungs von Pointe du Hoc« und die »sanft den irdischen Fesseln entgleitende *Challenger*-Mannschaft« beschert hat und der George Bush die »tausend funkelnden Lichter« und die »freundlichere, sanftmütigere Nation« verdankt, in ihren Erinnerungen *What I Saw at the Revolution: A Political Life in the Reagan Era*.

»Wenn man ein Vierteljahr später wieder hinkam, lag das Buch noch genauso da«, schrieb sie weiter. »Und dann all die neuen Worte: Man hatte eine Eingebung statt eines Gedankens, einen Konflikt statt eines Streits, eine positive Einstellung und den direkten Draht zum Zeitgeist. Keiner hatte einen Plan, aber jeder hatte einen Zeitplan, man lag nicht falsch, sondern total daneben, man arbeitete nicht einfach an etwas, man rackerte sich ab, und man einigte sich nicht einfach, sondern machte gleich einen Deal. In der Politik zählt immer das Nächstliegende, aber in der Wirtschaft muss es auch noch das Greifbare sein. Es gab immer neue Sprüche: Alle Personalfragen sind politisch, und Ideen tragen Früchte, und Ideen machen Politik, und es herrscht ein Krieg der Ideen … und Nichtstun heißt Status quo und zurück zur guten alten Breschnew-Doktrin, und Essen gibt es nicht umsonst, vor allem dann nicht, wenn man mit der Presse am Tisch sitzt.«

Als Peggy Noonan 1984 nach Washington kam, lagen dreiunddreißig Jahre Brooklyn, Massapequa, die Höhere-Töchter-Universität Farleigh Dickinson und CBS-Radio hinter ihr, wo sie die Fünf-Minuten-Kommentare für Dan Rather geschrieben hatte. Als Rather ein paar Jahre später vorschlug, ihr kein Weihnachtsgeschenk zu machen, sondern stattdessen einen Wohltätigkeitsverein ihrer Wahl zu bedenken, nannte sie ihm den William Casey Fonds für den Widerstand in Nicaragua. Es sollte eine ganze Weile dauern, genauer gesagt mehrere Monate, bis sie den Mann kennenlernte, für dessen öffentliche Äußerungen sie und ihre Kollegen verantwortlich waren; als Peggy Noonan im Weißen Haus einzog, hatte seit über einem Jahr kein Ghostwriter mehr persönlich mit Mr. Reagan gesprochen. »Wir winken ihm zu«, sagte einer.

Und so saß nun diese findige Tochter aus einer großen irisch-katholischen Familie an ihrem Arbeitsplatz im alten Executive Office Building und schrieb sich mangels eines echten Präsidenten einen idealen zurecht: Sie las ihren Vorgänger Vachel Lindsay (insbesondere: »Ich sing ein Lied von Bryan Bryan Bryan und seinem Entwurf eines silbernen Zion«). Sie las Franklin Delano Roosevelt (den sie sich, wiederum idealiter, im Dutchess County vorstellte, wo er »mit all den Mädels an einem großen Tisch saß und ein sommerliches Mittagessen zu sich nahm: dicke Fleischtomaten, Kartoffelsalat mit Mayonnaise und gefüllte Eier auf altem Porzellan, dessen Blumenmuster schon ganz verblasst war«) und dachte dabei: »So sollte Reagan rüberkommen.« Was Miss Noonan von Washington erwartet hatte, schrieb sie in ihren Erinnerungen, war »Aaron Coplands Ballettmusik ›Appalachian Spring‹«. Was sie dagegen vorfand, waren eine im Werden begriffene populistische Revolution, eine aus erhöhten Erwartungen und reduzierten Möglichkeiten entstandene Krise sowie die Kinder einer breiteren Mittelschicht, die fest vorhatten, die etablierte Gesellschaftsordnung und die ihrer Meinung nach repressiven liberalen Dogmen zu zerstören: »Es gab die Freidenker, denen ihre Freundinnen gerade Söhne geboren hatten und die ihr Coors-Bier auch mit Konservativen tranken, wenn die mit der um Freundlichkeit bemühten Gattin am Arm und einem Sohn im Schlepptau, der die neuesten Erzeugnisse aus Papis Garten im Einmachglas mitbrachte, auf ihren Partys erschienen. Es gab die protestantischen Fundamentalisten, die hofften, von den neokonservativen Intellektuellen aus Queens nicht sofort abgebügelt zu werden, und die Neokonservativen, die sich mit den Fundamentalisten unterhielten und dabei dachten: Wenn die mich so anschauen, sehen die dann, was Annie Halls Großmutter sah, als sie vom anderen Ende der Tafel Woody Allen anschaute?«

Sie blieb im Weißen Haus bis zum Frühjahr 1986, das heißt, bis sie mehr oder weniger gezwungen wurde zu gehen, weil der damalige Chief of Staff Donald Regan sich weigerte, ihre Beförderung zur obersten Redenschreiberin zu genehmigen. Laut Larry Speakes, der nie hehre Gefühle für die Romantik der Revolution entwickelt hat, hielt Regan sie für zu »hart«, zu »dogmatisch«, zu »rechts«, zu stark »von Buchanan protegiert«. Zu ihrem Rücktritt bekam sie ein Formschreiben vom Präsidenten, das mit dem Unterschriftsautomaten signiert war. Donald Regan meinte, es sei nicht nötig, ihr einen sogenannten »Abschiedsmoment« zu gewähren: ein letztes Händeschütteln mit dem Präsidenten. Doch just an dem Tag, als Donald Regan selbst das Weiße Haus verließ, fand Miss Noonan auf ihrem Anrufbeantworter folgende Nachricht von einem Freund im Weißen Haus vor: »Hallo, Peggy, Don Regan hat auch keinen Abschiedsmoment bekommen.« Inzwischen klangen ihr die »Stimmen des wahren Washington« nicht mehr nach dem zahmen »Appalachian Spring«, sondern sehr viel rauer, »näher an Jefferson Starship und ›They Built This City an Rock and Roll‹«.

Im Weißen Haus ihrer Schilderung herrschte eine fieberhafte Atmosphäre. Alle, berichtete sie uns, konnten Richard John Neuhaus zum sogenannten Zusammenbruch der Dogmen säkularer Aufklärung zitieren, Michael Novak zur angeblich gescheiterten Annahme, dass Bildung »wertfrei« sei oder sein sollte, George Gilder zur Menschlichkeit des freien Marktes. Alle konnten Jean-Franwis Revel zum Untergang der Demokratien zitieren und Jeane Kirkpatrick zum Thema autoritäre versus totalitäre Regierungen, und alle redeten von der »Bewegung«: »Er ist schon seit Urzeiten in der Bewegung« oder »Sie ist gut, sie vertritt die harte Linie«.

Sie redeten über die Ausschaltung der Pragmatiker, die glaubten, ohne die *Washington Post* und die Fernsehanstalten sei keine Auseinandersetzung zu gewinnen – man könne nicht »über die Köpfe der Medien hinweg an die Menschen appellieren«. Sie feuerten sich gegenseitig an, indem sie sich unentwegt Briefe, Vermerke und Zeitungsausschnitte zuschickten. »Vielen Dank für die neue Abhandlung von Macedo; seine Version von höchstrichterlichem Aktivismus ist doch viel anständiger als die von Tribe« war der Tenor. »Wenn die Russen davon Wind bekommen, dann fällt der Vorhang für die Freie Welt!«, war der angesagte Ton auf den gelben Haftzetteln, die an den Zeitungsausschnitten klebten, »Weiter so!« der beliebte Abschlusssatz eines Schreibens. Die PROF-Memos von Robert McFarlane an Oberstleutnant Oliver North (»Roger, Ollie. Gute Arbeit – wenn die Welt nur wüsste, wie oft Sie der US-Regierungspolitik mit Aufrichtigkeit und gesundem Menschenverstand zur Seite gestanden haben, würde man Sie zum Außenminister ernennen. Aber man weiß es nicht, und wenn man es wüsste, würde man sich doch nur beschweren – so sieht nämlich die Demokratie am Ende des 20. Jahrhunderts aus … Bravo Zulu«) scheinen in diesem Zusammenhang nicht einmal besonders ungewöhnlich.

»Bürokraten mit weichen Händen legten sich die knappe, lakonische Sprechweise eines John-Ford-Darstellers zu«, schrieb Peggy Noonan. »Ein kleiner Mann vom National Security Council wurde bei einem Gespräch gefragt, ob er jemanden kenne, der eine Pressemitteilung auftexten könne. Ja, im State Department wisse er einen, einen bezahlten Texter, der schon mal was Anständiges zu Papier gebracht habe.« Gemäßigt zu sein hieß, eine »Flasche«, ein »Waschlappen«, ein »Schlappschwanz« zu sein. »Der ist auseinandergenommen worden« sagte man von jemandem, dem etwas schiefgegangen war, oder »Er hat was eingesteckt, blieb aber unbeleckt«. Im Weißen Haus trug man Krawatten (laut Peggy Noonan »immer leicht fleckige: Das kam von der Mayonnaise, die beim Arbeitsessen zur Rechtsreform aus dem heruntergewürgten Sandwich tropfte«), die mit Symbolen der Bewegung bestickt waren: Adlern, Flaggen, Büsten von Jefferson. Kleine goldene Laffer-Kurven identifizierten ihre Träger als »Verfechter der freien Marktwirtschaft«. Freiheitsglocken symbolisierten die »Selbstbeschränkung des Bundesverfassungsgerichts«.

Hier – wie in der Außenpolitik – war der bevorzugte Stil offenbar weniger militärisch als paramilitärisch: Es ging um den knappen, knallharten Ton. »Von meiner Diskette kommt das nicht«, meinte Oberstleutnant Oliver North kurz und bündig, wenn er ausdrücken wollte, dass etwas nicht seine Idee gewesen war. »Die Jungs«, wie Noonan sie nannte, die Schlagfertigen, die Aalglatten, die aus dem inneren Kreis und die, die gern dazugehört hätten, legten in der Air Force One gar nicht erst die Sicherheitsgurte an. Die weniger weit Gekommenen protzten mit Souvenirs von kleineren Scharmützeln an den äußersten Grenzen der Reagan-Doktrin. »Jack Wheeler kam mit dem Gürtel eines russischen Offiziers über der Schulter aus Afghanistan zurück«, erinnert sich Noonan. »Grover Norquist kam mit Ringen unter den Augen aus Afrika zurück, weil er sich bei Savimbi im Zelt so viele Notizen gemacht hatte.« Peggy Noonan selbst hat einmal in der Kantine des Weißen Hauses mit einem »Mudschaheddinkrieger« und seinem PR-Mann zu Mittag gegessen. »Wie steht es mit Ihren Truppen im Felddienst?«, fragte sie. »Wir brauchen Hilfe«, erwiderte er. Der philippinische

Kellner näherte sich mit Stift und Block in der Hand. Der Mudschaheddinführer schaute hoch und sagte: »Ich nehme Fleisch.«

In diesem Milieu denkt man sich nicht unbedingt eine Nancy Reagan, deren Vorlieben der stärker strukturierten, wenngleich nicht weniger strikten Welt entstammen, aus der sie selbst kam. Das Wesen dieser Welt wurde weitgehend missverstanden. Ich erinnere mich, dass ich bei meinen Washington-Reisen in den ersten zwei Jahren nach Reagans Amtsantritt immer wieder verblüfft davon war, wie hartnäckig sich bestimmte Missverständnisse über die Reagans hielten und nicht nur über sie, sondern auch über die Männer, die als ihre intimen Freunde galten, also die kleine Gruppe von Industriellen und Unternehmern, die Ronald Reagans Gastspiele sowohl in Sacramento als auch in Washington gefördert und finanziert hatten – sozusagen als Risikokapitalinvestition. Der Präsident, so erzählte man mir immer wieder, war vor allen Dingen ein Kalifornier, ein Mann aus dem Westen, genau wie die Leute, die sein »Küchenkabinett« bestückten. Es war die Mentalität des Westens, die nicht nur die ziemlich kompromisslose Haltung dieser Männer zur amerikanischen Mission in der heutigen Welt erklärte, sondern auch ihr scheinbar mangelndes Interesse an jenen Amerikanern, für die der Trend nicht ständig aufwärtsging und mit denen sie sich nicht identifizieren konnten. Diese »Westernness« erklärte auch die trotzige Missachtung des herrschenden Stils, die während ihrer ersten Jahre in Washington so heftig diskutiert wurde, sie erklärte die auffällige Kleidung und den geliehenen Schmuck, das Haar von Le Cirque und die Teppichböden und das Tafelgeschirr. Aber es ging ja nicht nur um Stilfragen – auch inhaltlich ließen die Reagans und ihre Freunde eine Mentalität erkennen, die zunächst einfach als »kalifornisch« angesehen wurde und später, nachdem die Regierung sich eingearbeitet hatte und die sozialen Verwerfungen dieser exotischen Landschaft sich allmählich abzeichneten, das Etikett »California-Club-Mentalität« verpasst bekam.

Ich erinnere mich noch an ein Essen in Georgetown, wo über diese »California-Club-Mentalität« geredet wurde und ich mit einer Art atavistischer Empörung reagierte (ich selbst stamme aus Kalifornien, mein eigener Bruder wohnte damals unter der Woche im California Club). Im Nachhinein kommt mir diese Etikettierung schon deshalb so absurd vor, weil viele der betreffenden Männer, einschließlich des Präsidenten, keineswegs natürliche Bindungen an Kalifornien oder überhaupt den Westen hatten. Zwar war William Wilson in Los Angeles zur Welt gekommen und Earle Jorgenson in San Francisco, doch der mittlerweile verstorbene Justin Dart stammte aus Illinois, wo er die Northwestern-Universität besuchte, eine Walgreen-Erbin aus Chicago heiratete und die United Rexall – später Dart Industries – erst dann von Boston nach Los Angeles umsiedelte, als er deren Vorstand übernommen hatte. Der – ebenfalls verstorbene – Alfred Bloomingdale wurde in New York geboren, studierte an der Brown-Universität und fütterte den Diners Club mit Geld aus seinem New Yorker Familienbetrieb. Für was diese Männer standen, das war nicht »der Westen«, sondern eine in unserem Jahrhundert relativ neue, vermögende Schicht von Amerikanern, eine Gruppe ohne jede soziale Verantwortung, eben weil sie nirgendwo ein echtes Heimatgefühl herausbilden konnte.

Ronald und Nancy Reagan hatten zwar einen Großteil ihres Erwachsenenlebens in Kalifornien verbracht, aber ihre Branche, die Unterhaltungsindustrie, stellte nun einmal keine Mitglieder im California Club. Als ich 1964 nach Los Angeles zog, war das Leben der Frauen in den oberen Sphären dieser Szene äußerst streng geregelt und sollte es auch noch eine Zeit lang bleiben. Die Damen verließen das Esszimmer gleich nach dem Dessert und nahmen ihren Kaffee eine Etage höher, in der Isolation des Schlaf- oder Ankleidezimmers. Er wurde in Mokkatassen serviert, mit aus London importierten Zuckerwürfeln und Zimtstangen anstelle von Demitasse-Löffeln. Auf der Frisierkommode der Gastgeberin standen immer sehr große Flaschen Fracas, Gardenia und Tuberose. Das dieser Klausur vorausgehende Dessert (Soufflé oder Mousse mit Himbeersoße) wurde stets auf Flora-Danica-Tellern angerichtet, und zuvor hatte stets das Ritual mit den Fingerschalen und Spitzendeckchen stattgefunden. Immer wieder bekam ich die Geschichte von Joan Crawford und der jungen Frau zu hören, die die Fingerschale weggestellt, aber das Spitzendeckchen liegen gelassen hatte. Die Details dieser lehrreichen Geschichte – also was genau Joan Crawford gesagt hatte und zu wem, und wer der Gastgeber gewesen war – unterschieden sich zwar je nach Quelle, aber es ging immer um Joan Crawford und um dieses Spitzendeckchen: In *Jetzt kann ich reden*, ihrer Darstellung vom Leben im Weißen Haus, informierte uns Mrs. Reagan, dass sie das neue Geschirr, das für so viel Aufregung sorgen sollte, unter anderem deswegen bestellt hatte, weil es für das von den Johnsons angeschaffte keine Fingerschalen gab.

Diese Abende in subtropischer Atmosphäre waren keinesfalls stimulierend und sollten es auch gar nicht sein. Große Blumensträuße von David Jones verhinderten jeden Versuch, ein allgemeines Tischgespräch in Gang zu bringen, und sorgten so für eine reibungslose Einhaltung des Zeitplans. Die Damen trugen teure »Kurort«-Kleider, pyjamaartige Hosenanzüge und bodenlange Seidenkreationen von Pucci. Wenn sie nach dem Kaffee wieder unten bei den Männern erschienen, wurden Tabletts mit weißer Giene de Menthe herumgereicht. Größere Partys fanden in Zelten statt, mit Chrosafarbenen Lichtern und Chili con Carne von Chasen's. Den Lunch nahm man im Bistro ein, später dann im Bistro-Garden oder bei Jimmy's, das Jimmy Murphy gehörte, den jeder kannte, weil er für Kurt Niklas im Bistro gearbeitet hatte.

All dies gehörte zur Etikette des örtlichen *ancien régime* und konnte sich nicht über die Sechzigerjahre hinaus halten, aber es spiegelt sich detailgenau in den Fotos wider, die Jean Howard zu jener Zeit gemacht und in *Jean Howard's Hollywood: A Photo Memoir* veröffentlicht hat. Obwohl keiner der Reagans dort abgebildet ist (Jean Howard verkehrte hauptsächlich mit den Stars, den Mächtigen, den fabelhaft Amüsanten, und die Reagans, die für schlechte Zeiten und das Fernsehen standen, passten in keine dieser Schubladen), vermitteln diese Bilder doch ein Gefühl für die herrschenden Zwänge. Was einem bei dem Foto von Joseph Cottens Lunchparty am Unabhängigkeitstag 1955 auffällt – es war der Tag, an dem Jennifer Jones die Polonaise in den Swimmingpool anführte –, ist nicht der Swimmingpool. Natürlich sind ein paar Leute und sogar Stühle im Wasser, aber die meisten Gäste sitzen brav auf dem Rasen, angetan mit Ripskrawatten, Seidenkleidern und hochhackigen Schuhen. Mrs. Henry Hathaway, auf einem eintägigen Abstecher in die Sonne und Anatole Litvaks Strandhaus, trägt ein schulterfreies Kleid aus besticktem Organdy mit Schippenmuster und dazu Perlenohrringe. Natalie Wood, die auf Minna Wallis' Rasen mit Warren Beatty, George Cukor, den Hathaways, den Minnellis und den Axelrods luncht, trägt einen schwarzen Strohhut mit Seidenband, ein weißes Kleid, eine Kette aus schwarzen und weißen Glasperlen; ihr Make-up ist perfekt, ihr Haar nach hinten hochgesteckt.

Aus dieser Welt kam Nancy Reagan, als sie 1966 nach Sacramento und 1980 nach Washington ging, und in vielerlei Hinsicht hat sie diese Welt – die *in situ* bereits im Verschwinden begriffen war, bevor Ronald Reagan Gouverneur von Kalifornien wurde – nie verlassen. *Jetzt kann ich reden* ist keine Dokumentation eines Lebens, das durch spätere Erfahrungen radikal geändert wurde. Die acht Jahre in Sacramento haben Mrs. Reagan so wenig geprägt, dass sie das Haus, in dem sie wohnte – 45th Street Höhe M-Street in einer Stadt, die numerisch und alphabetisch, von 1 bis 66 und von A bis Y, im Schachbrettmuster aufgeteilt ist –, als »eine Art englisches Landhaus in einem Vorort« beschrieb.

Sie fand es keineswegs ungewöhnlich, dass dieselben Männer, die dieses Haus für sie und ihren Mann gekauft und an sie vermietet hatten (sie zahlten 1250 Dollar im Monat), dem Bundesstaat Kalifornien viereinhalb Hektar Land schenkten, auf denen dann die »Gouverneursvilla« gebaut wurde, die Mrs. Reagan so gern wollte, dass diese Männer später die millionenteure Renovierung und Neueinrichtung des Weißen Hauses unter Reagan finanzierten und schließlich das Haus in der St. Cloud Road in Bel Air kauften, in das die Reagans zogen, als sie Washington verließen. (Eigentlich hatte es die Hausnummer 666, aber die Reagans ließen sie in 668 umändern, um jede Assoziation mit dem Tier in der Offenbarung zu vermeiden.) Anscheinend betrachtete sie Häuser genauso als Teil ihrer Geschäftsgrundlage wie die Quartiere, die Schauspielern am Drehort zur Verfügung gestellt werden. Bevor das Küchenkabinett Ronald Reagans Vertrag übernahm, bewohnten die Reagans ein Haus in Pacific Palisades, das Reagans vormaliger Sponsor General Electric renoviert hatte.

Dass sich immer jemand finden würde, der sich um ihre Bedürfnisse kümmerte, war eine Erwartungshaltung, die ganz allgemein und sehr schnell auffiel – und die normalerweise als eine Angewohnheit der Reichen gilt. Aber natürlich ist dies nicht allein eine Angewohnheit der Reichen, und im Übrigen waren die Reagans keineswegs reich. Sie selbst – und ihre Erwartungen – waren Produkte eines Studios namens Hollywood, eines Systems, in dem Künstler künstlerische Leistungen erbrachten und im Gegenzug versorgt wurden. »Mir war das Studio-System lieber als die Angst, in New

York Arbeit suchen zu müssen«, erzählte uns Mrs. Reagan in *Jetzt kann ich reden*. Im Laufe der acht Jahre, die sie in Washington verbrachte, habe sie »nie einen Fuß in einen Supermarkt oder ein anderes Geschäft gesetzt, mit Ausnahme der Schreibwarenhandlung Ecke 17th und K-Street, wo ich meine Geburtstagskarten kaufte«, und Bargeld habe sie nur dabeigehabt, wenn sie zur Maniküre ging.

Sie war überrascht, als sie erfuhr (»Davon hatte uns keiner etwas gesagt«), dass man von ihr und ihrem Mann erwartete, für Essen, Zahnpasta und die Wäschereikosten selbst aufzukommen, solange sie im Weißen Haus residierten. Offenbar hat sie nie begriffen, warum es unklug war, Kleider von deren Designern anzunehmen, wo die sie ihr doch förmlich aufgedrängt hatten. Nur Geoffrey Beene, von dem ein Teil der Garderobe für Patricia Nixon und das Hochzeitskleid für Lynda Bird Johnson stammte – wobei alle Stücke im Einzelhandel und zu Einzelhandelspreisen gekauft worden waren –, schien dieser Versuchung widerstanden zu haben. »Ich begreife nicht ganz, wie die Garderobe einer Frau ›ausgeliehen‹ sein kann«, sagte er gegenüber der *Los Angeles Times* im Januar 1982, als die Frage nach Nancy Reagans neuen Kleidern zum ersten Mal aufkam. »Und ich denke, es dürfte schwierig werden zu entscheiden, welche dieser vielen Kleider Museumsqualität haben. Zudem wird behauptet, damit leiste sie einen Beitrag zur ›Rettung‹ der amerikanischen Modeindustrie. Dass diese Industrie so notleidend ist, war mir allerdings bisher nicht bekannt.«

Diese Kleider stellten aus Mrs. Reagans Sicht ihre »Kostüme« dar – eine Produktionsausgabe genau wie die Wohnung, das Catering, die Möbel, die Gemälde und die Wagen, die nach Abschluss der Dreharbeiten mit nach Hause genommen werden – und gehörten deshalb in den Studioetat. Dass die Produzenten dieser speziellen Produktion – die Männer, die Mrs. Reagan ihre »vermögenderen Freunde« oder ihre »sehr großzügigen« Freunde nannte – ihre eigene Rolle zeitweise missverstanden, war schon verständlich: Wie Helene von Damm berichtete, habe man William Wilson eindringlich klarmachen müssen, dass das FBI jeden unter die Lupe nehmen werde, der offizielle Beziehungen zum Weißen Haus unterhielt (Fred Fielding, der Rechtsberater des Weißen Hauses, übernahm diese Aufklärung), bevor er Suite 180 des Executive Office Buildings räumte, die er am Tag nach der Amtseinsetzung requiriert hatte, um die Berufung der Mitglieder des nominellen Kabinetts (im Gegensatz zum Küchenkabinett) zu überwachen.

»Damit übernahm ich die Verwalterrolle«, schrieb Edith Bolling Wilson später über den Schlaganfall, der Woodrow Wilson im Oktober 1919 gelähmt hatte – achtzehn Monate, bevor er das Weiße Haus verließ. Diese Rolle, die Nancy Reagan sich zunächst mit James Baker, Ed Meese und Michael Deaver teilte und dann auch unter erschwerten Bedingungen mit Donald Regan, war vielleicht deshalb so byzantinisch, weil jeder der Hauptakteure ein anderes Szenario zugrunde legte und nur einer davon, James Baker, ein annähernd fertiges Drehbuch vorzuweisen hatte. Baker, dessen Rolle in diesem Weißen Haus letztlich darin bestand, es für die tradierte Ordnung zu bewahren, scheint sich ganz darauf verlassen zu haben, dass sich gegensätzliche Kräfte irgendwann einmal neutralisieren. »Normalerweise gibt es in jedem großen Unternehmen eine Person oder eine Gruppe, vor der man Angst haben muss«, berichtete Peggy Noonan. »Aber im Weißen Haus unter Reagan gab es zwei – den Chief of Staff mit seinen Leuten und die First Lady mit ihren: Man befand sich in einer Zwickmühle, die jeden verletzlich machte.« Sie beschreibt, wie Mrs. Reagan durch die Flure des Ostflügels wanderte, gefolgt von ihrer Entourage, deren Mitglieder man im Westflügel für »unseriös« hielt, für *W*- und *Vogue*-Leserinnen und -Leser. Mrs. Reagan selbst wurde verschiedentlich »Evita«, »Mommy«, »The Missus« und »die nervöse Frisur« genannt. Miss Noonan beschrieb sie als »weder liberal noch links, noch moderat noch détenteorientiert«, sondern als »Galano-Anhängerin, eine wohlhabende, gut gekleidete Frau, die die Weisheiten ihrer Klasse befolgte«.

Doch Nancy Reagan war weitaus interessanter, als es in dieser Beschreibung zum Ausdruck kommt. Es war gerade »ihre Klasse«, an die sie nicht so recht glauben konnte. Sie verfügte über keine großen Erfahrungen. Ihre sozialen Fähigkeiten waren wie die vieler Frauen, deren Sozialisation auf der Insel der Filmwelt stattfindet, deutlich unterentwickelt. Sie und Raissa Gorbatschow hatten »wenig gemeinsam« und »gänzlich verschiedene Ansichten«. Sie und Betty Ford »waren unterschiedliche Menschen aus unterschiedlichen Welten«. Wohl fühlte sie sich anscheinend nur in Gesellschaft von Michael Deaver, Ted Graber (ihrem Innenarchitekten) und ein paar wenigen anderen. Offensichtlich hatte sie wenig Gespür dafür, wer mit wem zusammenpasste. Bei einem Staatsempfang für José Napoleon Duarte aus El Salvador nahm sie den Platz zwischen Duarte und Ralph Lauren ein. Ihre soziale Erfahrung war beschränkt, ihre soziale Angst anscheinend grenzenlos. Helene von Damm beschwert sich darüber, dass Mrs. Reagan während des ersten Präsidentschaftswahlkampfs den Spendensammlern nicht erlaubte, sich an »ihre New Yorker Freunde« zu wenden. Als von Damm im November 1979 die Gästeliste für das Essen in New York zusammenzustellen versuchte, bei dem Ronald Reagan seine Kandidatur bekannt geben sollte, musste sie schließlich einen Vertreter zu Jerry Zipkin schicken, dem Macher mit den Hollywood-Verbindungen. Zipkin trennte sich nur sehr widerwillig von den gewünschten Informationen und fügte hinzu: »Denken Sie daran, mein Name darf nicht auftauchen.«

Vielleicht der liebenswerteste Zug an Mrs. Reagan war ihre kleinmädchenhafte Angst, übergangen zu werden: keine besten Freunde zu haben und nicht zu den Partys in den großen Häusern eingeladen zu werden. Sie sammelte Kränkungen. Sie rettete sich ins Feine-Pinkel-Getue, in die vornehme Art (das »englische Landhaus in einem Vorort«); sie benutzte Wörter wie »unpassend«: Dass Geraldine Ferraro und ihr Mann auf einem Empfang der Italian-American Federation 1984, bei dem die Kandidaten beider Parteien eine Ansprache hielten, das Podium verließen, um »sich im Saal unters Volk zu mischen«, empfand sie als »gelinde gesagt unpassend«. Als John Koehler für die Nachfolge von Patrick Buchanan im Amt des Kommunikationsdirektors bestellt wurde und dann herauskam, dass Koehler in der Hitlerjugend gewesen war, empfand sie Donald Regans Kommentar: »Schuld hat da der Ostflügel« als »unangebracht – und gemein«.

Frau Gorbatschow, so Mrs. Reagan, behandele sie »von oben herab« und erwarte, dass »man sich ihr beugt«. Frau Gorbatschow hatte eine Einladung von Pamela Harriman angenommen, bevor sie auf eine von Mrs. Reagan reagierte. Die Bemerkung des *Washington Post*-Chefredakteurs Ben Bradlee, die Iran-Contra-Affäre sei »das Amüsanteste, was ich seit Watergate erlebt habe«, lasse sich möglicherweise darauf zurückführen, erklärte sie in *Jetzt kann ich reden*, dass er sie um ihre Beziehung zu Katharine Graham beneidet habe. Betty Ford hatte beim Parteitag der Republikaner 1976 eine Loge im Saal bekommen und Mrs. Reagan lediglich eine in den obersten Rängen. Doch Mrs. Reagan war unparteiisch: Maureen Reagan »hatte möglicherweise recht«, wenn sie darin einen beabsichtigten Affront sah. Als am zweiten Abend des Parteitags das Orchester während einer Ovation für Mrs. Reagan mit *Tie a Yellow Ribbon Round the Ole Oak Tree* einsetzte, fing Mrs. Ford an, mit Tony Orlando zu tanzen. Aber Nancy Reagan blieb großherzig: »Einige unserer Leute sahen darin den vorsätzlichen Versuch, mir die Schau zu stehlen, aber ich habe nie geglaubt, dass das ihre Absicht war.«

In seiner Version der Ereignisse dieser Zeit – *Behind the Scenes* – erzählt uns Michael Deaver eine faszinierende Geschichte aus dem Wahlkampf 1980. Er schildert, wie er die Reagans zu einer episkopalischen Kirche bei Middleburg in Virginia begleitete, ganz in der

Nähe der Farm, wo sie untergebracht waren. Nachdem er sich bei der Kirche angekündigt und mit dem Pfarrer über das Thema der Predigt verhandelt hatte (Hesekiel und die Knochen statt dem, was Deaver »wiedergeborenen Christen« nannte, womit er vermutlich die christliche Wiedergeburt meinte), wurde schließlich vereinbart, dass die Reagans den Elf-Uhr-Gottesdienst besuchen würden. »Man hatte uns aber nicht gesagt«, berichtet Deaver, »und ich hatte nicht erwartet, dass beim Elf-Uhr-Gottesdienst auch die Kommunion gefeiert würde« – ein Ritual, das »den Reagans äußerst fremd« sei. Er beschreibt »nervöse Blicke« und »leicht panisches« Geflüster über das richtige Verhalten, da die Erfahrung der Reagans sich auf die presbyterianische Gemeinde in Bel Air beschränkte, »eine ordentliche protestantische Kirche, in der Tabletts mit kleinen Gläsern Traubensaft und Brotwürfelchen herumgereicht wurden«. Dann war es so weit: »Auf halbem Weg zum Altar spürte ich, wie Nancy nach meinem Arm griff … ›*Mike!*‹, zischte sie. ›*Trinken die Leute etwa alle aus einem Glas?*‹«

An dieser Stelle bekommt die Geschichte eine gewisse Ähnlichkeit mit der Seifenoper *I Love Lucy*. Deaver versichert Mrs. Reagan, dass es durchaus reiche, wenn sie die Hostie nur kurz in den Kelch tauche. Mrs. Reagan versucht es, aber dann fällt ihr die Hostie doch in den Wein. Ronald Reagan, hier in der Rolle von Lucys Ehemann Ricky Ricardo, ist zu taub, um Deavers geflüsterte Instruktionen zu hören, und seine Frau hat ihm aufgetragen: »Tu genau das, was ich tue.« Also lässt auch er die Hostie in den Wein fallen, wo sie neben der seiner Frau schwimmt. »Nancy war erleichtert, endlich die Kirche verlassen zu können«, erzählt Deaver. »Der Präsident war bester Laune, als er ins Sonnenlicht hinaustrat, weil der Gottesdienst so zufriedenstellend gelaufen war.«

Ich hatte diese Geschichte bereits mehrfach gelesen, als mir klar wurde, was mich daran so faszinierte: Dies war ein perfektes Modell für das Weiße Haus unter Reagan. Es gibt den Berater, der den richtigen Schauplatz findet (»Ich habe ein paar Erkundigungen eingezogen und eine schöne episkopalische Kirche gefunden«), der jedes erdenkliche Problem vorherzusehen und geschickt zu lösen weiß (er führte eine »diskrete Unterhaltung mit dem Pfarrer«, er »stellte vorsichtige Fragen«) und dem trotzdem, wie beim Bitburg-Besuch, etwas Wesentliches entgeht. Es gibt die Frau, deren Aufgabe es ist, das Gesicht ihres Mannes vor der Welt zu wahren, eine Aufgabe übrigens, die – wie sie in *Jetzt kann ich reden* hat durchblicken lassen – große Wachsamkeit erforderte. Ronald Reagan war ein Mann, der anderen Menschen gegenüber »naiv« sein konnte. So hatte er »zu großes Vertrauen« in David Stockman. So hatte er Helmut Kohl »sein Ehrenwort gegeben« und fühlte sich daher »verpflichtet, sein Wort zu halten« und nach Bitburg zu fahren. Er war, wie Mrs. Reagan bei einem Interview in der *Good Morning America*-Talkshow anlässlich des Erscheinens von *Jetzt kann ich reden* enthüllte, »einfach zu gutmütig«, wenn es um »die Armen« ging (auch in dieser Formulierung fehlt wieder etwas Wesentliches). Mrs. Reagan verstand das alles. Sie wurde mit alldem fertig. Doch hier, in der Nähe von Middleburg, Virginia, war sie wieder einmal Opfer der schlechten Organisation geworden, konfrontiert mit einem »fremden« Abendmahlstisch und der Angst, dass eine Fingerschale ohne das dazugehörige Spitzendeckchen weggeräumt werden könnte.

Und dort, im Zentrum des Ganzen, stand Ronald Reagan: unzureichend gebrieft (oder, wie es im Weißen Haus heißt: »schlecht bedient«), was die Hostienfrage betraf, der aber dann »ins Sonnenlicht« hinaustrat, zufrieden mit seiner Leistung und mit der aller anderen und offenbar, ohne zu ahnen (oder sich – noch – dafür zu interessieren), welche Krisen wieder einmal in seiner Anwesenheit und zu seinem Besten gemanagt wurden. Er hatte etwas, das sein Berater oder seine Frau nicht hatten, nämlich den Sinn für die Geschichte, das übergeordnete Konzept, das, was Ed Meese »das große Bild« nannte: »Er ist ein Mann des großen Bildes.« Und das große Bild hier war das eines Kandidaten, der Sonntagmorgens in die Kirche geht; die Details, die seine Frau und den Berater verrückt machen – welche Kirche, was man mit der Hostie anstellt –, hätten den Rahmen gesprengt.

Seit der Zeit in Kalifornien arbeitete der Hauptdarsteller dieser Regierung mit Erkenntnissen, die zumindest als sehr speziell angesehen werden konnten. Er hatte bestimmte »Gefühle«, beispielsweise gegenüber dem Vietnamkrieg. »Ich habe das Gefühl, dass wir in diesem Krieg besser abschneiden, als man es der Nation erzählt«, so zitierte ihn die *Los Angeles Times* vom 16. Oktober 1967. Die dem Präsidentenamt innewohnende Transformationskraft verlieh diesen speziellen Erkenntnissen, die sonst keiner verstand – diesen großen Bildern, diesen übergeordneten Konzepten –, eine magische Dimension, und so einige im Weißen Haus kamen zu der Überzeugung, dass der Mann in ihrer Mitte, der seine Bleistifte im Oval Office selbst anspitzte, der Fischerkönig persönlich war, der Hüter des Heiligen Grals, jener Quelle des sagenhaften Kontakts mit den Wählern, der wiederum die Quelle der Macht darstellte.

Heute wissen wir, dass es Zeiten gab, in denen sich das Weiße Haus mit einigem Erfolg von der Kunst des Möglichen verabschiedete. Dass McFarlane mit Kuchen, Bibel und zehn gefälschten irischen Pässen nach Teheran flog, wich keinesfalls von den Traditionen unserer Exekutive ab. Doch hier funktionierte ein ganzer Betrieb kraft Aberglaubens, Vogelschau und der Überzeugung, dass der Präsident nur einen Funken Aufmerksamkeit zu zeigen brauchte, wenn ihm ein Plan vorgelegt wurde (ideal waren laut Peggy Noonan solche Vorlagen, bei denen »der Präsident sich ein Bild ansehen, ein kurzes Schreiben lesen oder auf eine Frage antworten musste«), um zu gewährleisten, dass sich dieser Zauber auf das Thema der Woche übertrug, das die Kinder, die die Revolution machen wollten, gerade mit Leidenschaft verhandelten – ob nun SDI, die Mudschaheddin, Jonas Savimbi oder die Kontras.

Da gab es die von Miss Noonan »Kontra-Treffen« genannten und von dem magischen Denken inspirierten Sitzungen, die Präsentation des Präsidenten in der richtigen Umgebung (»über die Köpfe der Medien hinweg direkt an die Menschen«) sei genau das Richtige, um ein »Engagement aufseiten des amerikanischen Volkes zu wecken«. Bei diesen Treffen besprach man mögliche Einsätze des Präsidenten: eine Rede in der

Orange Bowl von Miami am Jahrestag von John F. Kennedys Rede in der Orange Bowl nach der Schweinebucht-Invasion; wen kümmerte es da, dass die Kennedy-Rede in Miami mit den Jahren zum Symbol des amerikanischen Verrats geworden war? Bei diesen Treffen besprach man, wie sich der Präsident über die Köpfe seiner Gegner im Kongress hinweg direkt ans Volk wenden könnte, nämlich mit einer Rede im Wahlbezirk von Jim Wright nahe dem Alamo: »Ungefähr so etwas wie: ›*Punkt Punkt Punkt* Meilen nordwärts liegt das Alamo‹«, schrieb Miss Noonan in ihrem Notizbuch und skizzierte damit das Ritual, nach dem der Zauber übertragen werden würde. »›… Wo mutige Helden *Punkt Punkt Punkt* und wo während jener letzten furchtbaren Tage der Kommandant der Garnison schrieb: *Punkt Punkt Punkt*‹«.

Aber der Fischerkönig war dabei, ein ganz anderes großes Bild zu skizzieren, eines, das er schon seit Kalifornien im Sinn hatte. Immer wieder bekamen wir zu hören, Mrs. Reagan habe den Präsidenten vom Reich des Bösen abgebracht und zu den Treffen mit Gorbatschow bewegt. (Später, in der NBC-Nachrichtensendung *Nightly News*, beanspruchte die kalifornische Astrologin Joan Quigley für sich, auf beide Reagans Einfluss ausgeübt zu haben; die Reagans seien von ihrer »Reich-des-Bösen-Haltung« abgekommen, nachdem sie »sie zu Gorbatschows Horoskop gebrieft« habe.) Mrs. Reagan selbst erklärte, sie habe es »lächerlich gefunden, wie diese zwei schwer bewaffneten Supermächte einfach dasaßen und nicht miteinander redeten«, und dass sie »Ronnie schon ein bisschen Druck gemacht« habe.

Wie viel Druck tatsächlich erforderlich war, bleibt unklar. Ronald Reagan begriff die Sowjetunion als Abstraktion, als ein Land, dessen Menschen hilflos dem »Kommunismus« ausgeliefert waren: dem seelenlosen Bösen, das – wie er es 1951 bei einer Tagung der Kiwanis und in den folgenden dreieinhalb Jahrzehnten immer wieder formulierte – »versucht hat, in unsere Industrie einzudringen«, jedoch »bekämpft« und schließlich »fertiggemacht« worden sei. In dieser Konstruktion erschienen die Bürger der Sowjetunion – genau wie die Filmindustrie – als Opfer einer Invasion, die nur noch auf ihre Befreiung warteten. Und diese Befreiung konnte ihnen vielleicht der Auftritt einer Shane-artigen Figur bringen, eines edlen Cowboys, der das Böse »fertigmachen« würde – oder aber einfach das süße Licht der Vernunft. »Ein Volk, das die freie Wahl hat, wird immer den Frieden wählen«, erklärte Präsident Reagan im Mai 1988 vor Studenten der Universität Moskau.

In diesem Sinne spielte er mit völlig abstrakten Karten, und die Öffnung nach Osten war schon immer seine Trumpfkarte gewesen, sein großes Bild, seine Geschichte. Und die lautete so: Er stelle sich vor, erzählte er im Lauf der Jahre vielen Leuten (ich selbst erfuhr es von George Will, der mich davor warnte, auch nur ein Wort weiterzuerzählen – Gespräche mit Präsidenten unterlägen der Schweigepflicht), er nähme einen sowjetischen Führer (wer genau das sein sollte, war wieder so ein Detail, das nicht ins große Bild passte) mit auf einen Flug nach Los Angeles. Und wenn die Maschine sich dann im Anflug auf LAX tief über den bürgerlichen Vororten zwischen den Bergen von San Bernardino und dem Flughafen befand, würde er den sowjetischen Führer ans Fenster holen und auf die vielen Swimmingpools deuten. »Das sind die Swimmingpools der Kapitalisten«, würde der sowjetische Führer sagen. »Nein«, würde der Führer der Freien Welt erwidern. »Das sind die Swimmingpools der Arbeiter.« *Punkt Punkt Punkt* Jahre später, als die mutigen Helden *Punkt Punkt Punkt* und der Führer der Freien Welt *Punkt Punkt Punkt*, nahm die Geschichte ihren zufälligen Lauf. Doch für die Begeisterung müssen wir noch bezahlen.

(1989)

Shooters Inc.

Als George Bush in seiner Eigenschaft als Vizepräsident der Vereinigten Staaten im August 1986 auf Reisen ging, begleitet von seinem Stab, von Beamten des Secret Service, einem Tross von Journalisten und einem eigenen Kamerateam, das Baseballkappen mit der Aufschrift »Shooters Inc.« trug und das vom Fund for America's Future, einem politischen Aktionskomitee für Bush, gegen ein Vorabhonorar von 10 000 Dollar gebucht worden war, verbrachte er auch einige Tage in Israel und Jordanien. Auf seinem Terminkalender für Israel standen dabei laut *Los Angeles Times* und *New York Times* unter anderem Shootings an der Klagemauer, an der Holocaust-Gedenkstätte, am Grabmal von David Ben-Gurion und vor zweiunddreißig anderen Kulissen, die speziell ausgewählt worden waren, um werbewirksames Material zu sammeln, mit dem demonstriert werden sollte, dass der Vizepräsident, wie sein damaliger Pressechef Marlin Fitzwater es formulierte, »mit den anstehenden Fragen vertraut« war. Die Filmleute von Shooters Inc. kamen nicht mit nach Jordanien (wie ein Sprecher gegenüber der *Los Angeles Times* erklärte, würde es »nichts bringen, ihn beim Händchenhalten mit Arabern zu zeigen«); dennoch hatte sich das Bush'sche Organisationsteam in Amman recht direkt um bildwirksamere Sujets für die mitreisende Presse bemüht und eine Reihe konkreter Wünsche vorgelegt: So sollte die jordanische Militärkapelle rote statt weißer Uniformen tragen; die Jordanier, die nicht genügend Hubschrauber besaßen, um alle Presseleute zu transportieren, sollten sich welche bei der israelischen Luftwaffe ausleihen; die Jordanier sollten ein Manöver in einem sicherheitsrelevanten Gebiet mit Blick auf Israel und die Golanhöhen durchführen, damit der amerikanische Vizepräsident in einem Ambiente militärischer Liveaction gezeigt werden konnte; an diesem Militärstützpunkt sollten die Jordanier die amerikanische Flagge hissen, und Bush sollte dabei fotografiert werden, wie er mit dem Feldstecher ins »Feindesland« hinüberspähte – eine Aufnahme, die letzten Endes vom amerikanischen Außenministerium untersagt wurde, da es sich bei dem »Feindesland« hinterm Fernglas um Israel handelte; und, vielleicht das verblüffendste Detail dieses Forderungskatalogs: Bei jedem Halt auf dieser Reise sollten Kamele bereitstehen.

Als ich einige Monate später zufällig selbst in Amman war, kam ich bei einer Unterhaltung mit Angehörigen der dortigen US-Botschaft auch auf die Berichterstattung über Bushs Jordanienreise zu sprechen. Sie hätten, so die einhellige Meinung meiner Gesprächspartner, gewisse Reporter, vor allem Charles P. Wallace von der *Los Angeles Times*, »liebend gerne zerfleischt«, aber die Berichte seien an sich korrekt gewesen. »Behalten Sie's bitte für sich, aber die haben nicht mal die Hälfte von dem geschrieben, was hier los war«, sagte einer.

Doch genau solche Geschichten erwarten wir ja, wenn wir über unsere gewählten Volksvertreter lesen. Wir erwarten nicht nur, dass sie andere Länder als beliebig austauschbare Kulissen auf der innenpolitischen Bühne benutzen, wir ermutigen sie sogar noch zu solchem Tun. Im April 1961, direkt nach der gescheiterten Invasion in der Schweinebucht, lag der Beliebtheitswert von John F. Kennedy um vier Prozent höher als im Vormonat. Nach der Intervention in der Dominikanischen Republik 1965 stieg der Beliebtheitswert von Lyndon B. Johnson um sechs Prozentpunkte. Nach der Invasion auf Grenada 1983 stieg der Beliebtheitswert von Ronald Reagan um vier Punkte, und was Washington im selben Winter mit dem Stichwort »Libanon« umschrieb – die Entsendung amerikanischer Marines nach Beirut, den Tod von 241 Soldaten und den anschließenden Truppenabzug –, geriet angesichts dieses weithin als Erfolg gewerteten Karibik-Unternehmens mehr oder weniger in Vergessenheit. »Gemayel könnte heute Nacht stürzen, und übermorgen würde schon keiner mehr darüber reden«, so der damalige Bush-Berater David Gergen wenige Monate später. Im Mai 1984 beschrieb Francis X. Clines von der *New York Times* die Einstellung, die James Baker vertrat, also jener Mann, der während seiner Amtszeit im Weißen Haus als »der ultimative Pragmatiker« bezeichnet wurde, ein Manager mit fast übernatürlichen Führungsqualitäten: »Durch die geplante Aktion im Libanon, argumentiert Baker, habe Präsident Reagan ein weiteres Eingeständnis von Schwäche – wie etwa beim amerikanischen Geiseldrama im Iran – vermieden, und durch das Heimholen der Marines habe der Präsident ein weiteres

›Vietnam‹ vermieden ... ›Durch den Abzug der Marines wurden all diejenigen Lügen gestraft, die behaupteten, der Präsident sei schießwütig‹, sagte er [Baker].« Mit anderen Worten: Es ging darum, das Vertrauen der Amerikaner in ihren Präsidenten zu erhalten, eine Aufgabe, die nach dem Ausscheiden des ultimativen Pragmatikers aus dem Weißen Haus in die Hände weniger talentierter Leute fiel.

Geschichte ist Kontext. Zu einem Zeitpunkt, als die amerikanische Nation mit ansehen musste, wie die Kontrolle über ihre Wirtschaft in die Hände ihrer Gläubiger überging, während die designierte Regierung ihre Möglichkeiten, eben diese Kontrolle wiederzuerlangen, aus politischen Gründen schon von vornherein stark eingeschränkt hatte, bedeutete dieses extreme Vertrauen darauf, dass Glauben allemal wirksamer als Handeln sei, gewiss etwas anderes, als es noch 1984 oder 1980 bedeutet hätte. An dem Abend im August 1988, als George Bush im Superdome von New Orleans die Nominierung zum Präsidentschaftskandidaten der Republikaner annahm und seine Absicht verkündete, »für die Freiheit einzutreten, für die Freiheit einzustehen und all denen ein geduldiger Freund zu sein, die für die Freiheit kämpfen, ob im Osten oder im Westen«, da wurde die Formulierung »geduldig« von manchen Zuhörern als Absage an die Reagan-Doktrin gewertet, als Hinweis darauf, dass eine von Bush geführte Regierung in allen Träumen von einer Umkehr eine eher passive denn aktive Rolle spielen würde. Doch diese Interpretation verkannte den wahren Charakter der Reagan-Doktrin, die der Reagan-Regierung ausschließlich zu politischen Zwecken gedient hatte.

Regierungen mit geringem innenpolitischem Spielraum haben sich in der Vergangenheit immer nach Nebenschauplätzen im Ausland umgeschaut, haben dort das zu inszenieren versucht, was die Meinungsforscher ein »dramatisches Ereignis« nennen, eine auswärtige Krise, vorzugsweise so fern der Heimat, dass sie eine reine Abstraktion bleibt. Am Abend der Präsidentschaftswahl im November 1988 und noch einige Male in den folgenden Wochen hatte ich die Gelegenheit, mich bei Tisch mit Männern zu unterhalten, die als Wirtschafts- und Finanzexperten galten. Alle stimmten darin überein, dass die ausländischen Märkte der neuen Bush-Regierung, die mit ihrem Versprechen, die Steuern nicht zu erhöhen, ihren Handlungsspielraum von vornherein eingeschränkt hatte, nur eine kurze Schonfrist einräumen würden, bevor sie ihre Forderungen anmeldeten. Uneins waren die Herren sich nur über die Länge dieser Schonfrist und die Form des Konjunkturrückgangs. Einer schätzte etwa zwei Jahre, ein anderer ein halbes Jahr. Manche sahen einen jähen »Blow-out« voraus (Blow-out war ein Begriff, der ziemlich häufig gebraucht wurde), andere eine allmähliche Anspannung der Lage, einen Übergang zur Epoche der begrenzten Erwartungen von der Jerry Brown gesprochen hatte, als er Gouverneur von Kalifornien war.

Alle diese Männer waren einhellig pessimistisch. Sie sahen eine Situation herannahen, in der der innenpolitische Spielraum auf ein Nichts reduziert wurde. In Anbetracht dessen schien es kein ermutigendes Zeichen zu sein, dass es sich bei den Gesprächspartnern, für die George Bush am Donnerstag nach der Wahl noch Zeit fand, bevor er in seinen Florida-Urlaub abreiste, nicht um die Investoren aus aller Welt handelte, die ihm in dieser Woche ihre Botschaften hatten zukommen lassen (der Dollar verlor wieder gegenüber dem Yen, der Mark und dem Pfund; der Dow-Jones-Index fiel um 78,74 Punkte), nicht um die Deutschen, nicht um die Japaner, nicht einmal um Mitglieder amerikanischer Finanzkreise, sondern um Vertreter des afghanischen Widerstands. »Ab und an denke ich darüber nach, aber nicht allzu lang«, sagte der designierte Präsident einem Fernsehteam der CBS News, das ihn ein paar Tage später in Florida zum konjunkturellen Einbruch befragte.

(1988)

Golden Girl aus dem goldenen Westen

Die Ausgangsszene hat sich vielen Amerikanern bis ins Detail eingeprägt. Es war am frühen Abend des 4. Februars 1974, als die neunzehnjährige Patricia Campbell Hearst, Studentin der Kunstgeschichte an der Universität von Kalifornien in Berkeley und Enkelin des verstorbenen William Randolph Hearst, sich in ihrer Maisonettewohnung Bienvenue 2603 in Berkeley einen blauen Frotteebademantel anzog, eine Dose Hühnernudelsuppe warm machte, für sich und ihren Verlobten Steven Weed Thunfisch-Sandwiches richtete, *Cobra übernehmen Sie!* und *Der Magier* im Fernsehen anschaute, das Geschirr abwusch, sich hinsetzte, um zu lernen, dann an die Tür ging, weil es geläutet hatte, mit vorgehaltener Waffe entführt wurde, wobei man ihr die Augen verband, und die nächsten siebenundfünfzig Tage als Gefangene von drei Männern und fünf Frauen verbrachte, die sich selbst Symbionese Liberation Army nannten.

Vom achtundfünfzigsten Tag an, als sie sich bereit erklärte, gemeinsame Sache mit ihren Kidnappern zu machen, und vor der Kobra-Fahne der SLA mit einem abgesägten M-1-Karabiner im Arm fotografiert wurde, bis zum 18. September 1974, als sie in San Francisco verhaftet wurde, beteiligte sich Patricia Campbell Hearst aktiv an den bewaffneten Überfällen auf die Hibernia Bank in San Francisco und die Crocker National Bank bei Sacramento, bestrich den Crenshaw Boulevard in Los Angeles mit MP-Feuer, um einen Genossen zu decken, den man beim Ladendiebstahl ertappt hatte, und war, wo nicht selbst Tatbeteiligte, so doch Zeugin einer Reihe von weniger durch die Medien gegangenen räuberischen Diebstählen und mehrerer Bombenanschläge, die sie später als »Aktionen« oder »Operationen« bezeichnete.

Bei ihrem Prozess um die »Operation« Hibernia Bank in San Francisco führte sie der Jury mit mattweiß lackierten Fingernägeln die Handgriffe vor, die zum manuellen Nachladen einer am Lauf manipulierten M-1 notwendig sind. Bei einem psychiatrischen Test, der während ihrer Untersuchungshaft durchgeführt wurde, ergänzte sie den Satz: »Die meisten Männer ...« mit den Worten: »... sind Arschlöcher.« Sieben Jahre später lebte sie mit ihrem Leibwächter, den sie geheiratet hatte, dem gemeinsamen Töchterchen und zwei Deutschen Schäferhunden »hinter den verschlossenen Türen eines im spanischen Stil erbauten Hauses, das mit dem technisch neuesten elektronischen Sicherheitssystem ausgerüstet ist«, beschrieb sich selbst als »älter und klüger« und versah ihren Bericht über die damaligen Ereignisse, der unter dem Titel *Every Secret Thing* erschien, mit der Widmung »Für Mom und Dad«.

Es war eine ganz besondere Education sentimentale, ein öffentliches Mündigwerden mit einem unübersehbaren literarischen Charakter, und damals erschien sie uns wie eine Parabel der Zeit, in der wir lebten. Von den dazu gelieferten Bildern fanden manche sogar Eingang in unser nationales Gedächtnis. Wir sahen Patricia Campbell Hearst lächelnd in ihrem Kommunionskleid und Patricia Campbell Hearst, ohne zu lächeln, auf den Fotos der Überwachungskamera in der Hibernia Bank. Dann sahen wir sie wieder lächelnd auf dem Verlobungsfoto, ein unauffällig hübsches Mädchen in einem schlichten Kleid auf einem sonnenbeschienenen Rasen, und, abermals ohne zu lächeln, auf dem »Tania«-Schnappschuss, dem berühmten Polaroidfoto mit dem M-1. Wir sahen sie mit ihrem Vater und ihrer Schwester Anne auf einem Bild, das einige Monate vor der Entführung im Country Club von Burlingame aufgenommen worden war: Alle drei Hearsts lächeln darauf, und sie lächeln nicht nur, sondern tragen hawaiianische Blütenkränze, sogenannte *leis*, der Vater *maile*- und Orchideen*leis*, die Töchter *pikake*, die seltenste und wertvollste Art von *lei*, winzig kleine arabische Jasminknospen, auf Schnüre gezogen wie Elfenbeinkügelchen.

Wir sahen die Mauer aus Mikrofonen vor dem Haus in Hillsborough, wenn Randolph und Catherine Hearst (»Dad« und »Mom« in den ersten gespenstischen Botschaften von ihrer verschwundenen Tochter, »Kapitalistenschweine« zum Ende des Frühjahrs hin) sich der Presse stellten, wobei die Topfpflanzen auf den Treppenstufen mit der Jahreszeit wechselten, was dem Ganzen einen Anstrich häuslicher Intaktheit im Angesicht der Krise verlieh: Azaleen, Fuchsien, dann massenhaft Cymbidium-Orchideen zu Ostern. Wir sahen schon recht bald die hässlichen Bilder von Vandalismus, von zerschlagenen Kameras und von tiefgefrorenen Truthahnkeulen, die in West Oakland durch die Fensterscheiben flogen – gewalttätige Reaktionen auf den ersten Versuch der Hearst-Familie, die Lösegeldforderungen der SLA zu erfüllen, und am selben Abend erfuhren wir im Fernsehen, dass William Knowland, ehemaliger US-Senator aus Kalifornien und prominentestes Mitglied der Familie, die in Oakland ein halbes Jahrhundert lang an der Macht gewesen war, sich ans Ufer des Russian River begeben und mit der Pistole, die er angeblich zum Schutz vor Terroristen bei sich trug, die Schädeldecke weggepustet hatte.

Diese Bilder erzählten eine Geschichte, transportierten eine dramatische Lektion und reizten durch diese doppelte Botschaft zu Vergleich und Gegenüberstellung. So war Patricia Campbell Hearsts Bild auf den Fahndungsplakaten des FBI aus dem Foto mit dem unauffällig hübschen Mädchen in dem schlichten Kleid auf dem sonnenbeschienenen Rasen herausgeschnitten – ein schablonenhafter Beweis dafür, dass selbst Golden Girls im Rampenlicht der Geschichte landen können. Es gab keine direkte Verbindung zwischen den Truthahnkeulen, die in West Oakland durch die Fensterscheiben geworfen wurden, und einem William Knowland, der bäuchlings im Russian River lag, aber das Paradigma war deutlich: hier ein Kalifornien in den Geburtswehen und dort ein anderes in den Todeszuckungen. Die Cymbidium-Orchideen an der Tür des Hearst'schen Hauses in Hillsborough blendeten vor unseren Augen über zur Liveaufnahme einer brennenden Palme in South Central Los Angeles (auch hier ein

Kalifornien gegen ein zweites gesetzt), der Palme über dem weiß getünchten Bungalow, in dessen Flammen man zu diesem Zeitpunkt Patricia Campbell Hearst vermutete. (Tatsächlich hielt sich Patricia Campbell Hearst in einem dritten Kalifornien auf, einem Motelzimmer in Disneyland, wo sie genau wie alle anderen Fernsehzuschauer die Palme brennen sah, und es waren Donald DeFreeze, Nancy Ling Perry, Angela Atwood, Patricia Soltysik, Camilla Hall und William Wolfe, ein schwarzer entflohener Sträfling und fünf Kinder der weißen Mittelschicht, die in dem weiß getünchten Bungalow ums Leben kamen.)

Doch nicht nur die Bilder erzählten eine Geschichte; da gab es auch die Stimme, die Stimme auf den Tonbändern, die bedrückte Stimme mit der kalifornischen Klangfärbung, die Stimme, die sich verlor, die manchmal fast unhörbar wurde, dann wieder eine Spur weinerlich, mit einem kindlich-frechen Sarkasmus, eine Stimme, die alle Eltern wiedererkannten:

»Mom, Dad. Mir geht's gut. Ich hab ein paar Kratzer abbekommen und so, aber die haben sie mir ausgewaschen ... Dad, hoffentlich tust du, was sie sagen ... Wenn du das mit der Lebensmittellieferung vor dem Neunzehnten geregelt kriegst, dann geht das klar ... Hauptsache, du kannst irgendwas auf die Beine stellen, es ging ja auch nie darum, dass du ganz Kalifornien durchfüttern musst ... Ich bin hier, weil unsere Familie zur herrschenden Klasse gehört, und ich denke mir, dass ihr die Analogie allmählich sehen könnt ... Die Leute sollen bloß nicht mehr so tun, als wäre ich schon tot. Mom soll ihr schwarzes Kleid wieder ausziehen, das hilft doch auch keinem ... Mom, Dad ... Ich glaube nicht, dass ihr alles tut, was ihr tun könntet Mom, Dad ... Ich glaube allmählich, dass sich keiner mehr um mich sorgt ...« Und dann: »Grüße an die Volksmassen. Hier spricht Tanja.«

Patricia Campbell Hearsts Urgroßvater war 1850 zu Fuß nach Kalifornien gekommen – ungebildet, unverheiratet, dreißig Jahre alt, ohne große Talente und ohne jede Aussichten, der Sohn eines Farmers aus Missouri, der die nächsten zehn Jahre damit verbrachte, in der Umgegend von El Dorado, Nevada und Sacramento nach Gold zu suchen. 1859 wurde er fündig, und bei seinem Tod 1891 konnte George Hearst der Lehrerin, die er 1862 geehelicht hatte, ein Vermögen hinterlassen, das aus der Erde stammte: die nicht versiegenden Erträge aus den ergiebigsten Minen jener Zeit – der »Ophir« in Nevada, der »Homestake« in South Dakota, der »Ontario« in Utah, der »Anaconda« in Montana, der »San Luis« in Mexiko. Seine Witwe Phoebe Apperson Hearst, eine kleine, energische Person von damals erst achtundvierzig Jahren, nahm dieses offenbar unerschöpflich sprudelnde Vermögen, um ihrem einzigen Kind das gewünschte Verlagsimperium zu finanzieren, um mit einer stattlichen Summe die Universität zu fördern, an der ihre Urenkelin zur Zeit ihrer Entführung eingeschrieben sein würde, und um sich selbst am McCloud River im Siskiyou County auf 27 000 Hektar Land das Ur-Wyntoon erbauen zu lassen, ein Schloss aus Lavagestein, das sein Architekt Bernard Maybeck mit den einfachen Worten beschrieb: »Hier kann man all das erreichen, was in einem steckt.«

Wie sehr das allgemeine Kalifornien-Bild von bestimmten Orten geprägt ist, wird selbst von den Kaliforniern weithin verkannt. Und da sich dieses Bild nicht nur aus der Landschaft selbst ergibt, sondern aus ihrer Inbesitznahme, aus der Romantik der Emigration, der radikalen Aufgabe bestehender Bindungen, bleibt es auf hartnäckige Weise symbolhaft, vermag sogar Lehren in dem zu entdecken, was von Auswärtigen nur als Landschaft wahrgenommen wird. So bleibt etwa Yosemite in den Worten Kevin Starrs »eines der ursprünglichen kalifornischen Symbole, ein unveränderliches Identitätsmoment für all diejenigen, die nach einer primär kalifornischen Ästhetik gesucht haben«. So haben das Städtchen Carmel wie auch seine Küste eine symbolische Bedeutung, die dem heutigen Besucher entgeht, gewähren leise Reminiszenzen an die Kunst als Freiheit und die Freiheit als Handwerk – an den »boheme«-haften Pantheismus des frühen zwanzigsten Jahrhunderts. Und die Golden Gate Bridge, die auf Unendlichkeit und Technologie zugleich verweist, erscheint den Kaliforniern als eine recht komplexe Verkörperung vom Land's End und seinem Gegenteil, von Endstation wie Ausgangspunkt.

Patricia Campbell Hearst erzählte uns in *Every Secret Thing*, dass der Ort, den die Hearsts Wyntoon nannten, »ein mystisches Land« sei, »fantastisch, nicht von dieser Welt«, »und das noch mehr als San Simeon«. Dieses sei dafür »emotional so ergreifend, dass ich noch immer nicht fähig bin, es zu beschreiben«. Das erste Maybeck-Schloss am McCloud River kennen die meisten Kalifornier nur von Fotos her, doch bevor es 1933 abbrannte und durch eine Gruppe sehr verspielter Julia-Morgan-Chalets (»Cinderella House«, »Angel House«, »Brown Bear House«) ersetzt wurde, schienen Phoebe Hearsts gotisches Wyntoon und das barocke San Simeon ihres Sohnes ganz bestimmte gegensätzliche Impulse im lokalen Bewusstsein zu verkörpern: Norden und Süden, geheiligte Wildnis und verdrängte Wildnis, die Erhöhung der Natur und die Erhöhung des Subjekts. In Wyntoon gab es Nebel und Andeutungen von Unendlichkeit, riesige Baumstämme, die da verrotten durften, wo sie hinfielen, einen ungebändigten Fluss, primitive offene Kamine. San Simeon, das in Sonnenlicht und dem Hier und Jetzt badete, hatte zwei Swimmingpools und einen Zoo.

Es war eine Familie, in der sich dieser romantische Impuls offenbar verflüchtigt hatte. Patricia Campbell Hearst erzählte uns, sie sei »aufgewachsen in einer Welt aus hellem Sonnenschein, klarem blauem Himmel, weitem offenem Land, breiten grünen Rasen, großen gemütlichen Häusern, Country Clubs mit Swimmingpools, Tennisplätzen und Reitpferden«. Im Kloster zum Heiligen Herzen in Menlo Park erklärte sie einer Nonne, sie solle sich »zum Teufel scheren«, und fand sich »ziemlich mutig, wenn auch sehr dumm«. Auf Santa Catalina in Monterey schwänzte sie den Gottesdienst mit ihrer Freundin Patricia Tobin, deren Familie eine der Banken gegründet hatte, die später von der SLA überfallen wurden, und bekam »jede Menge Minuspunkte«. Ihr Vater brachte ihr das Schießen bei, auf der Entenjagd. Ihre Mutter ließ sie nicht in Jeans nach San Francisco fahren. Dies war eine Familie von Erben, die kaum Stoff für die Zeitungen bot, die kein großes

Interesse am öffentlichen Geschehen aufbrachte (»Wer zum Teufel ist dieser Kerl noch mal?«, fragte Randolph Hearst, als Steve Weed vorschlug, den Versuch zu machen, über Regis Debray Kontakt zur SLA aufzunehmen, und als man ihn dann informierte, um wen es sich handelte, meinte er nur: »Einen verdammten südamerikanischen Revoluzzer brauchen wir bei dieser Sache so nötig wie ein Loch im Kopf.«) und die fast jede Form von Aufsehen mit dem instinktiven Misstrauen der Country-Club-Kaste betrachtete.

Doch auch wenn die Hearsts keine besonders interessante kalifornische Familie mehr waren, blieben sie noch ein fester Bestandteil der Symbolik ihrer Heimat, und dass eine Hearst aus Berkeley gekidnappt wurde, aus der Hochburg von Phoebe Hearsts Ambitionen – das war Kalifornien als Oper. »Zu der Zeit konzentrierte ich mich nur auf ein Thema«, erzählte uns die Erbin von Wyntoon und San Simeon über die siebenundfünfzig Tage, die sie in ihrem Verlies verbrachte. »Alle anderen Gedanken – an Liebe und Heirat, Familienleben, Freunde, zwischenmenschliche Beziehungen und damit eigentlich mein ganzes vorheriges Leben waren von der SLA-Warte aus tatsächlich zu bourgeoisem Luxus geworden.«

Dieses jähe Abstreifen der Vergangenheit stößt in kalifornischen Ohren noch immer auf ein Echo aus der Ferne, und dieses Echo stammt aus den Tagebüchern von Emigranten. »Lasst euch durch diesen Brief nur nicht entmutigen, nehmt keine Abkürzung und macht so schnell, wie ihr könnt«, schloss eine der Überlebenden der »Donner-Party« ihre Schilderung des großen Trecks. »Mach dir deswegen keine Sorgen«, habe sie sich in ihrem Verlies nach dem ersten sexuellen Kontakt mit einem SLA-Mitglied gesagt, berichtet die Autorin von *Every Secret Thing*. »Und versuch bloß nie, deine Gefühle zu ergründen – die können dir ja doch nichts nützen.« Zu der Zeit, als Patricia Campbell Hearst in San Francisco vor Gericht stand, wurden mehrere Psychiater hinzugezogen, die das an ihrer Geschichte auszuloten versuchen sollten, was so manchen wie ein unauslotbarer Abgrund vorkam – jenen Moment, in dem das Opfer sein Schicksal in die Hände seiner Entführer gab. »Sie hat das erlebt, was ich Todesangst und psychische Grenzerfahrung nennen möchte«, sagte Robert Jay Lifton, der zum Kreis dieser Psychiater gehörte. »Der äußere Rahmen zur Aufrechterhaltung ihrer Persönlichkeit war verschwunden«, sagte Louis Jolyon West, ein anderer Psychiater. Dies waren zwei verschiedene Interpretationen, und eine dritte lautete, dass Patricia Campbell Hearst aus der Not eine Tugend gemacht hatte und nach Westen aufgebrochen war, wie damals ihr Urgroßvater.

Mit der Geschichte, die sie 1982 in *Every Secret Thing* erzählte, eckte sie fast überall an, so wie sie damit 1976 beim Prozess *Vereinigte Staaten gegen Patricia Campbell Hearst* angeeckt war, als sie des bewaffneten Überfalls auf die Hibernia Bank (ein Anklagepunkt) sowie des Schusswaffengebrauchs während der Verübung einer schweren Straftat (zweiter Anklagepunkt) angeklagt und für schuldig befunden wurde. Lakonisch wirkte sie, leicht ironisch, störrisch nicht nur der Staatsanwaltschaft, sondern auch ihrer eigenen Verteidigung gegenüber – keineswegs so einnehmend, wie man das wohl erwartet hatte. »Ich weiß nicht« lautete eine ihrer Standardantworten an den Tagen, als ich den Prozess besuchte, »Ich kann mich nicht erinnern« oder »Schon möglich«. Hatte es denn, fragte der Staatsanwalt einmal, kein Telefon in den Motels gegeben, wo sie mit Jack Scort während ihrer Reise quer durchs Land abgestiegen war? Ich erinnere mich, dass Patricia Hearst ihn daraufhin anschaute, als hielte sie ihn für geistesgestört. Ich erinnere mich, dass Randolph Hearst zu Boden sah. Ich erinnere mich, dass Catherine Hearst ein Galanos-Jackett über ihrer Stuhllehne gerade zog.

»Ja, das weiß ich genau«, sagte ihre Tochter.

Und wo, fragte der Staatsanwalt, lagen diese Motels?

»Eins war … glaube ich in …« Patricia Hearst schwieg und sagte dann: »Cheyenne? Wyoming?« Sie sprach diese Namen wie fremdländische, exotische Worte aus, wie einmal registrierte und gleich wieder ausrangierte Informationen. Eines dieser Motels lag in Nevada, also dort, wo das Hearst'sche Vermögen ursprünglich herkam: Die Erbin sagte »Nevanda«, wie eine Ausländerin.

In *Every Secret Thing* wie bei ihrem Prozess schien sie eine emotionale Distanz zu vermitteln, eine eigenartige Mischung aus Passivität und pragmatischer Rücksichtslosigkeit (»Ich war übergewechselt. Und nun musste ich das Beste daraus machen … immer nur den heutigen Tag durchstehen, alles tun, was sie mir sagten, meine Rolle spielen und beten, dass ich überleben würde«), die viele Menschen unverständlich und irritierend fanden. 1981 wie 1976 sprach sie nur abstrakt über das *Warum*, dafür aber recht konkret über das *Wie.* »Ich konnte es nicht glauben, dass ich diese Maschinenpistole tatsächlich abgefeuert hatte«, berichtete sie über ihren Schusswaffengebrauch auf dem Crenshaw Boulevard, aber getan hatte sie Folgendes: »Mit einem Finger hielt ich den Abzug gedrückt, bis alle dreißig Schuss abgefeuert waren … Dann griff ich nach meiner eigenen Waffe, dem halb automatischen Karabiner. Ich gab drei weitere Schüsse ab …«

Und die Fragen, die sich nach ihrem Buch wie nach ihrem Prozess erhoben, drehten sich weniger um ihre Aufrichtigkeit als um ihre Authentizität, ihre generelle Einstellung – darum, wie es der stellvertretende Staatsanwalt während des Prozesses formulierte, ob sie »ganz echt« sei. Dies war natürlich eine wenig sinnvolle Fragestellung (ob sie nun William Wolfe »liebte« oder nicht, war der eigentliche Punkt, an dem der Prozess sich wendete) und zudem der Auslöser für seltsame rhetorische Regressionen, die daraufhin bei anderen professionellen Wahrheitssuchenden auftraten. »Warum hat sie dieses Buch überhaupt geschrieben?«, fragte Mark Starr in der *Newsweek* anlässlich des Erscheinens von *Every Secret Thing* und gab dann selbst die Antwort darauf: »Vielleicht hat sie ja von ihrer Familie den journalistischen Sinn für das geerbt, was sich verkaufen lässt.« – »Die Reichen werden nur noch reicher«, resümierte Jane Alpert in der Zeitschrift *New York.* »Patty«, schrieb Ted Morgan im *New York Times Book Review*, »kann dank der Einnahmen aus ihrem Buch nun zu einer Beschäftigung zurückkehren, die ihrer Familientradition weit eher entspricht: der Kapitalbildung.«

Dies waren wohl eher versponnene Gedanken über mögliche Methoden der Geldbeschaffung bei den

Hearsts, und doch spiegelten sie eine größere Unzufriedenheit wider, eine Gewissheit, dass die betreffende Hearst-Erbin nicht die ganze Geschichte erzählte, dass sie »etwas weggelassen hatte«, obgleich es in Anbetracht des beflissen detailgetreuen Berichts, den sie mit *Every Secret Thing* vorlegte, nicht ohne Weiteres zu definieren gewesen wäre, was dieses »Etwas« denn sein mochte. Wenn »Fragen offenbleiben«, wie für die *Newsweek*, dann ging es bei diesen Fragen nicht darum, wie man eine Kugel mit Zyanid aufrüstet – bei der SLA machte man das so: Man bohrte ein Loch in die Bleihülle, bis direkt oberhalb der Schießpulverfüllung, tunkte dieses winzige Loch dann in ein Häufchen Zyanidkristalle und versiegelte es anschließend mit Paraffin. Wenn *Every Secret Thing* »mehr Rätsel aufgibt als löst«, wie für Jane Alpert, dann ging es bei diesen Fragen nicht darum, wie man eine Rohrbombe bastelt: Der Trick bestand darin, genügend Schwarzpulver ins Rohr zu stopfen, damit es richtig krachte, und trotzdem so viel Platz für Sauerstoff zu lassen, dass sich das Ganze auch zünden ließ, oder, so Patricia Hearst, »die richtige Menge Schwarzpulver im Verhältnis zu Länge von Rohr und Widerstandsdraht auszutüfteln, minus Tekos kostbares Toilettenpapier«. »Teko« oder Bill Harris bestand nämlich darauf, seine Bomben in Toilettenpapier zu verpacken, und als dann eine, die unter einem Polizeiwagen im Mission District platziert war, nicht hochging, bekam er »einen seiner schlimmsten Wutausbrüche«. Viele Reporter fanden später in Emily und Bill Harris die ansprechenden Angeklagten, zu denen Patricia Hearst leider nicht gehört hatte, doch *Every Secret Thing* trug überzeugende Argumente dafür vor, dass die beiden nicht nur »unattraktiv« waren, wie die Autorin es ausdrückte, sondern – und das war ihr negativstes Attribut – »inkompetent«.

Im Vergleich zu anderen Nachrichten aus dem Untergrund waren die von Patricia Hearst schon mehr als akribisch. So ließ sie uns wissen, dass *Die knallharten Fünf* Bill Harris' Lieblingssendung im Fernsehen war (man konnte, sagte er, »von solchen Serien eine Menge über die Taktik der Bullenschweine lernen«), dass Donald De-Freeze oder »Cinque« Pflaumenwein aus Zweiliterflaschen trank und sich die Songtexte im Radio auf revolutionäre Anspielungen hin anhörte und dass Nancy Ling Perry, bei der ein Großteil der Presse ihre glorreiche Vergangenheit als »Cheerleader und Goldwater-Girl« herausstrich, knapp einen Meter fünfzig groß war und sich einen afroamerikanischen Akzent zugelegt hatte. Emily Harris übte sich darin, »mit Entbehrungen zu leben«, indem sie immer nur einen halben Streifen Kaugummi auf einmal kaute. Bill Harris kaufte sich eine Kippa, weil er meinte, damit könne er während der Abtauchphase in den Catskill Mountains nach der Schießerei in Los Angeles bei Grossinger's vorbeischauen, ohne aufzufallen.

Das Leben mit diesen Gefährten hatte die verdrehte Logik von Träumen, und Patricia Hearst scheint es mit der vorsichtigen Einwilligung der Träumerin akzeptiert zu haben. Jeder Mensch konnte sich gegen sie wenden. Jeder Schritt konnte sich als tödlich erweisen. »Meine Schwester und ich waren in dem Glauben erzogen worden, wir seien selbst für das verantwortlich, was wir taten, und könnten uns bei keinem Fehler damit herausreden, dass wir nicht bei klarem Verstand gewesen wären. Ich hatte mich der SLA angeschlossen, weil sie mich sonst getötet hätten. Und ich blieb bei ihnen, weil ich wirklich glaubte, dass das FBI mich töten würde, wenn es könnte, und wenn nicht das FBI, dann die SLA.« Sie war, wie sie es formulierte, übergewechselt. Sie würde, wie sie es formulierte, das Beste daraus machen und nicht »auf Familie und Freunde zurückgreifen«.

Das war der Punkt, an dem die meisten Leute ins Schleudern kamen, sie anzweifelten, sie am wenigsten nachvollziehbar fanden, und gleichzeitig der Punkt, an dem sie am eindeutigsten das Kind einer bestimmten Kultur war. In dem Immigrantentagebuch, das einer meiner Vorfahren namens William Kilgore führte, dem Tagebuch einer Reise über Land nach Sacramento im Jahre 1850, findet sich nur die eine persönliche Eintragung: »Dies ist ein besonders unangenehmer Morgen für mich, da ich nun meine Familie verlassen oder die Flinte ins Korn werfen muss. Es genügt wohl zu sagen, dass wir aufbrachen.« Es genügt wohl zu sagen, dass wir aufbrachen. Versuch bloß nie, deine Gefühle zu ergründen – die können dir ja doch nichts nützen. Nehmt keine Abkürzung, und macht so schnell, wie ihr könnt. Einen verdammten südamerikanischen Revoluzzer brauchen wir bei dieser Sache so nötig wie ein Loch im Kopf. Dies war ein Mädchen aus Kalifornien, erzogen in einem Geschichtsbewusstsein, das kein großes Gewicht auf das *Warum* legte.

Eine Idealistin war sie nie gewesen, und das gefiel niemandem. Sie trug das Brandmal der Überlebenden. Sie kam von der anderen Seite mit einer Geschichte zurück, die niemand hören wollte, der deprimierenden Darstellung einer Situation, in der Selbsttäuschung und Inkompetenz nur gegen eine andere Form von Selbsttäuschung und Inkompetenz aufgeboten wurden, und in dem von heißen Rhythmen geprägten San Francisco der Siebzigerjahre schien dies eine Geschichte ganz ohne Höhepunkte zu sein. In der Woche, als ihr Prozess zu Ende ging, veröffentlichte der *San Francisco Bay Guardian* ein Interview, in dem Mitglieder eines Kollektivs namens New Dawn, Neuer Aufbruch, ihr Bedauern über Patty Hearsts Abtrünnigkeit zum Ausdruck brachten. »Es geht darum, ob man seine Selbstachtung oder seinen Arsch retten will«, sagte einer von ihnen. »Und wenn man sich für seinen Arsch entscheidet, dann bleibt das Leben leer.« Die Idee, die SLA verträte eine verteidigenswerte Idee (und wenn auch nur aus dem Grund, dass jede Idee besser sein musste als keine), war damals ziemlich weit verbreitet, obwohl die meisten Leute zugaben, dass diese Idee doch ziemlich ins Abseits geführt hatte. Im März 1977 unterschied ein Autor im *Bay Guardian* zwischen dem »ungezügelten Abenteurertum« der SLA und der »Disziplin und Professionalität« der New World Liberation Front, deren »mehr als fünfzig Bombenanschläge ohne jegliche Personenschäden« sie gegenüber der SLA zur »eindeutig besseren Alternative« machte.

Zufälligerweise hatte ich den *Bay Guardian* vom 31. März 1977 aufgehoben (damals war der *Bay Guardian* kein besonders radikales Blatt, dafür aber ein zuverlässiger Führer durch die örtliche Tofu-Gastronomie und ein Stimmungsbarometer der Szene), und als ich die Zeitung herausholte, um mir den Artikel über die SLA vorzunehmen, stieß ich auf einen anderen, den ich noch nicht gelesen hatte: einen langen, positiven Bericht über einen Pfarrer aus San Francisco, dessen Art es war, »mit Menschen auf Konfrontationskurs zu gehen und ihre Grundüberzeugungen infrage zu stellen ... als könne er das Böse dieser Welt nicht an sich vorbeigehen lassen, eine Eigenart, die er mit anderen moralischen Leitfiguren gemein hat«. Der Pfarrer, der an einer Stelle mit dem berühmten Gewerkschaftsaktivisten Cesar Chavez verglichen wurde, war in den Worten des Verfassers verantwortlich für eine »umwerfende« Palette von Sozialdiensten – Lebensmittelhilfe, Rechtshilfe, Drogentherapie, Pflegeheime, kostenlose gynäkologische Abstriche – und darüber hinaus einen »landwirtschaftlichen Betrieb auf elftausend Hektar«. Der landwirtschaftliche Betrieb lag in Guyana, und der Pfarrer war natürlich der Reverend Jim Jones, der irgendwann lieber seine Selbstachtung retten wollte als seinen Arsch und neunhundert andere Ärsche. Doch das war eine andere kalifornische Oper und eine, die glatt über die Bühne ging, weil keine Hauptdarstellerin es sich herausnahm, die Geschichte auf ihre Weise zu erzählen.

(1982)

Sabine Hedinger übersetzte »Starre Positionen oder der Angelpunkt der Geschichte«, »Im Land Gottes«, »Clintons Gegenspieler oder hohe Einsätze und heiliger Eifer«, »Newt Gingrich, Superstar«; alle anderen Texte sind Gemeinschaftsübersetzungen von Sabine Hedinger und Mary Fran Gilbert.

Ein flimmernder, schonungsloser und geradezu unheimlicher Roman über die Suche nach dem richtigen Leben im falschen

Maria Wyeth ist eine Modellegende und ein Filmstar. Doch im Los Angeles der Sechzigerjahre verliert sie die Kontrolle über ihr eigenes Leben. Ihre geistig beeinträchtigte Tochter wird ihr weggenommen. Ihre zerrüttete Ehe ist nicht mehr zu retten, und ihre katastrophalen Liebesaffären und vermeintlichen Freundschaften bieten wenig Trost. Jeden Morgen um halb 10 Uhr steigt sie in ihr Auto und donnert über den Highway – auf der Überholspur und mit laut aufgedrehtem Radio, bis sich »irgendwo im Nirgendwo, wo der makellos brennende Beton einfach aufhört« das Gefühl der Leere verflüchtigt.

Joan Didion
Play It As It Lays
Roman

Aus dem Amerikanischen von Antje Rávik Strubel
Hardcover mit Schutzumschlag
Auch als E-Book erhältlich
www.ullstein.de

ullstein